Edward de Bono

De Bonos neue Denkschule

Edward de Bono

De Bonos neue Denkschule

Kreativer denken, effektiver arbeiten, mehr erreichen

Aus dem Englischen übersetzt von
Martin Rometsch

mvg Verlag

Bibliografische Information der Deutschen Bibliothek
Die Deutsche Bibliothek verzeichnet diese Publikation in der Deutschen Nationalbibliografie; detaillierte bibliografische Daten sind im Internet über http://dnb.ddb.de abrufbar.

Die gebundene Ausgabe erschien unter der ISBN 3-478-72990-4.

Titel der Originalausgabe: de Bono's Thinking Course
Aus dem Englischen übersetzt von Martin Rometsch

Umschlaggestaltung: Atelier Seidel, Altötting
Satz: Redline GmbH, J. Echter
Druck- und Bindearbeiten: Ebner & Spiegel, Ulm
Printed in Germany 07069/060502
ISBN 3-636-07069-X

Inhaltsverzeichnis

Edward de Bono

Edward de Bono gilt als weltweit führende Autorität, was den „Unterricht im Denken“ anbelangt. Seit mehr als 25 Jahren ist er der Pionier des „Nachdenkens über das Denken“. Er hat 45 Bücher geschrieben, die in 27 Sprachen übersetzt wurden, unter anderem ins Chinesische, Hebräische, Arabische, Bahasa, Koreanische und Slowenische. Millionen von Schülern nutzen seine Methoden, in abgelegenen südafrikanischen Dörfern ebenso wie in der Norfolk Academy in Virginia (USA) und anderen angesehenen Schulen.

Zahlreiche große Unternehmen in der ganzen Welt, aber auch Behörden, wussten seinen Rat zu schätzen. Er gründete das Internationale Kreative Forum, zu dessen Mitgliedern Unternehmen aller Art gehören (IBM, Du Pont, Nestlé, British Airways usw.). Außerdem eröffnete er in New York das Internationale Büro für Kreativität, das mit der UNO und anderen internationalen Organisationen zusammenarbeitet. Er wurde in 51 Länder eingeladen, um Vorträge zu halten.

Dr. de Bono war Rhodes-Stipendiat in Oxford und lehrte an den Universitäten Oxford, Cambridge, London und Harvard. Er hat Medizin und Psychologie studiert und den Begriff „laterales Denken“ geprägt, der heute im Oxford English Dictionary steht. Außerdem hat er das klassische L-Spiel erfunden, das als einfachstes reales Spiel aller Zeiten gilt. Dieses Spiel entwickelte er, weil der verstorbene Professor Littlewood in Cambridge, einer der größten britischen Mathematiker, ihn dazu herausgefordert hatte.

Vorbemerkung des Autors

Wahrscheinlich glauben Sie, dass Sie ziemlich gut denken können. Das glaubt fast jeder. Vielleicht glauben Sie, man könne seine Art zu denken nicht ändern. Oder Sie glauben, es sei schwierig und langweilig, die Denkfähigkeit zu verbessern. In Wirklichkeit ist das sehr viel einfacher, als die meisten Leute annehmen. Darum geht es in diesem Buch.

Wir verwechseln zu oft „Klugheit" mit „Schlauheit". Wir konzentrieren uns auf die Schläue und vernachlässigen die Klugheit, weil wir glauben, man müsse alt sein, um klug zu sein. Schlauheit hat etwas mit komplexen Rätseln und technischen Dingen zu tun. Klugheit brauchen wir, um über alltägliche Dinge nachzudenken, von der kleinsten Entscheidung bis zur größten. Klugheit ist wie eine Weitwinkelkamera.

Schläue ist wie eine Linse für Nahaufnahmen. Sie sieht Details, aber nicht das ganze Bild.

Das Denken ist die größte aller menschlichen Fähigkeiten. Die Qualität unserer Zukunft hängt vollständig von der Qualität unseres Denkens ab. Das gilt für das Privatleben, für die Gesellschaft und für die ganze Welt.

Im Großen und Ganzen denken wir ziemlich schlecht, kurzsichtig und egozentrisch. Wir glauben, Urteilen und Argumentieren sei genug. Doch in einer Welt, die sich rasch verändert, kann unser Denken die Erwartungen nicht mehr erfüllen.

1

Denken als Fähigkeit

Wählen Sie unter zwei Möglichkeiten aus:

1. Denken hängt von der Intelligenz ab und diese von den Genen, mit denen Sie geboren wurden. Sie können Ihr Denken ebenso wenig ändern wie die Farbe Ihrer Augen.
2. Denken ist eine Fähigkeit, die man durch Training, Praxis und Lernen verbessern kann. Denken unterscheidet sich nicht von anderen Fähigkeiten, und wir können besser denken, wenn wir es wollen.

Diese beiden gegensätzlichen Ansichten lassen sich leicht vereinen.

Intelligenz gleicht den Pferdestärken des Autos. Vielleicht legen die Gene unsere Intelligenz zumindest teilweise fest. Selbst wenn es so ist, gibt es Beweise dafür, dass wir die Enzyme im Gehirn beeinflussen können, wenn wir den Geist schulen, so wie wir durch Training dickere Muskeln bekommen.

Die Leistung eines Autos hängt nicht von der Pferdestärke ab, sondern vom Geschick des Fahrers. Wenn

Intelligenz die Pferdestärke des Autos ist, dann ist „Denken" die Fähigkeit, diese Stärke zu nutzen.

Intelligenz ist ein Potenzial. Denken ist eine praktische Fähigkeit.

Wenn ich „Denken" definieren müsste, würde ich sagen:

„Denken ist eine praktische Fähigkeit, mit der die Intelligenz auf der Grundlage unserer Erfahrung handelt."

Wenn wir die Analogie mit dem Auto ein bisschen weiter treiben, gelangen wir zu zwei wichtigen Schlussfolgerungen:

1. Wenn Sie ein starkes Auto haben, müssen Sie ein besserer Fahrer werden; andernfalls können Sie die verfügbare Kraft nicht voll nutzen – und womöglich gefährden Sie andere.
   Ähnlich ist es mit sehr intelligenten Menschen: Sie müssen ihre Denkfähigkeit verbessern, um ihre hohe Intelligenz vollständig nutzen zu können; andernfalls vergeuden sie einen großen Teil ihrer Intelligenz.
2. Wenn Sie ein schwächeres Auto haben, müssen Sie ebenfalls ein besserer Fahrer werden, um die fehlende Kraft wettzumachen.

Wer sich nicht für sehr intelligent hält, kann also seine Leistung verbessern, wenn er seine Denkfähigkeit steigert.

Die Intelligenzfalle

25 Jahre Erfahrung auf diesem Gebiet haben mich davon überzeugt, dass viele Menschen, die sich für hochintelligent halten, nicht unbedingt gute Denker sind. Sie sind in

der Intelligenzfalle gefangen. Diese Falle hat viele Aspekte, und zwei davon möchte ich erwähnen.

Ein sehr intelligenter Mensch kann sich eine Meinung bilden und diese dank seiner Intelligenz verteidigen. Je intelligenter er ist, desto leichter fällt ihm das. Und je besser er seine Meinung verteidigt, desto weniger hält er es für notwendig, nach Alternativen zu suchen oder anderen zuzuhören – warum sollten Sie das tun, wenn Sie „wissen", dass Sie Recht haben? Darum sind viele sehr intelligente Leute Gefangene falscher Ansichten, denn sie können ihren Standpunkt gut rechtfertigen.

Außerdem will ein Mensch, der sich daran gewöhnt hat, intelligenter als andere zu sein (vielleicht eine berechtigte Meinung), von seiner Intelligenz profitieren. Das geht am schnellsten und besten, wenn er „andere widerlegt". Diese Strategie bringt sofortigen Erfolg und beweist seine Überlegenheit. Konstruktiv sein ist weniger lohnend. Es kann Jahre dauern nachzuweisen, dass eine neue Idee richtig ist. Außerdem müssen andere von der Idee überzeugt werden. Wer kritisch und destruktiv ist, hat also mehr Spaß an seiner Intelligenz. Die absurde westliche Auffassung, „kritisches Denken" sei genug, verschlimmert die Situation weiter.

Die Praxis

In der Schule und später im Leben müssen die meisten Menschen immerzu denken, am Arbeitsplatz und anderswo. Macht diese „Praxis" sie zu besseren Denkern? Leider verbessert die praktische Übung eine Fähigkeit nicht automatisch.

Stellen Sie sich einen sechzigjährigen Journalisten vor, der jeden Tag Hunderte oder Tausende von Wörtern tippt – immer noch mit zwei Fingern. Sein „Zwei-Finger-System" macht ihn trotz aller Praxis nicht zu einem geschickten Schreiber.

Wenn Sie jahrelang falsches Denken üben, werden Sie also zu einem sehr geschickten Falschdenker.

Hätte der Journalist trotz seines Alters einen Kurs im Maschineschreiben belegt, dann hätte er gelernt, mit zehn Fingern zu schreiben. Dasselbe gilt für das Denken: Praxis im Denken genügt nicht. Sie müssen darauf achten, wie Sie denken. Darum geht es in diesem Buch.

Ausbildung

Vermutlich gibt es auf dieser Welt kein Bildungssystem, das nicht von sich behauptet, eines seiner Hauptziele sei, den Schülern „das Denken beizubringen". Ist dieser Anspruch berechtigt?

Wenn ein Koch nur Nudeln kochen kann, taugt er dann zum Chefkoch? Wenn ein Auto nur ein Vorderrad hat, ist es dann brauchbar? Ich habe nichts gegen Nudeln und Vorderräder – aber sind sie ausreichend?

Gibt es Schulen, auf deren Lehrplan das Fach „Denken" steht? Warum nicht? Wenn Denken so fundamental ist, warum wird es dann nicht gelehrt?

Darauf gibt es mehrere Antworten:

1. Denken war nie ein Schulfach, also ist es auch heute keines. Die Ausbildung steckt in der Falle der Tradition. Die Erfahrungen und Wertvorstellungen der Entscheidungsträger basieren auf der Vergangenheit. Aber die Welt ändert sich.
2. In einer statischen Welt genügte es, den Schülern „Informationen" beizubringen, weil sie sich ein Leben

lang darauf stützen konnten. Die Informationen sagten ihnen, was sie tun sollen. Denken war überflüssig. Sokrates und die anderen Mitglieder der „Dreierbande" der griechischen Philosophen (Platon und Aristoteles) vertraten als Erste die Meinung, „Wissen" sei ausreichend und alles andere komme von selbst.
Das ist altmodisch und absurd. Wissen ist nicht genug. Die kreativen, konstruktiven, planerischen und praktischen Aspekte des Denkens sind ebenso wichtig wie das „Wissen".

3. Man nimmt an, in anderen Fächern – Geographie, Geschichte, Naturwissenschaften usw. – werde das „Denken" bereits ausreichend vermittelt. Das ist ein gefährlicher Irrtum. Manche Denkfähigkeiten – Analysieren, Informationen auswerten und Argumentieren – werden in der Tat gelehrt. Aber das sind nur einige der Denkfähigkeiten, die wir außerhalb der Schule brauchen. Doch woher sollen Akademiker das wissen? Meine Arbeit in Unternehmen hat mir im Laufe der Jahre deutlich gezeigt, dass Analysieren und Urteilen nicht genug sind.
4. Manche Dogmatiker glauben trotz aller Gegenbeweise, man könne niemanden im Denken unterrichten, weil es gar kein „Denken" gäbe, sondern nur „wissenschaftliches Denken" oder „geschichtliches Denken".
Zwar hat jedes Fachgebiet seine eigenen Begriffe, Bedürfnisse und Modelle, aber es gibt grundlegende Prozesse, die für jedes Gebiet gelten, zum Beispiel „Prioritäten setzen", „nach Alternativen suchen", „Hypothesen formulieren" und „auf neue Ideen kommen". Am Ende dieses Buches wissen Sie, was ich meine.

5. „Es gibt keine brauchbaren Methoden, jemanden im Denken zu unterrichten."
   Diese Meinung basiert auf Unwissenheit. Es gibt brauchbare Methoden. Die *CoRT Thinking Lessons* werden zum Beispiel seit vielen Jahren in vielen Ländern und Kulturen sowie auf unterschiedlichen Bildungsniveaus angewandt. Zahlreiche Schulen in Singapur, Australien, Neuseeland, Kanada, Mexiko und den USA nutzen dieses Programm. Im Dade County in Florida (ein sehr rauer Distrikt, der viertgrößte in den USA) ist mein „Sechs-Hüte-Programm" seit einigen Jahren in Gebrauch. Die bei weitem beste Studie über die Wirkung eines Denktrainings stammt von Professor John Edwards von der James Cooke University in Townesville, Queensland, Australien. Er hat nachgewiesen, dass schon sieben Stunden Denkschulung sehr wirksam sein können. Großbritannien hinkt in dieser Hinsicht ziemlich weit hinterher.

Kritisches Denken

Es gibt ein paar Schulen, in denen „kritisches Denken" auf dem Lehrplan steht. Das ist ein nützlicher Teil des Denkens, aber für sich allein völlig unzureichend. Es gleicht dem linken Vorderrad am Auto: notwendig, aber nicht genug.

Das kritische Denken folgt der veralteten Auffassung der griechischen „Dreierbande" vom Denken. Sie glaubte, Analyse, Urteilsbildung und Diskussion seien genug – es reiche aus, „die Wahrheit zu finden", also das „Unwahre" zu eliminieren.

Das Wort „kritisch" ist vom griechischen *kritikos* abgeleitet, das „Urteil" bedeutet. Kritisches Urteilen hat seinen Platz und seinen Wert; aber es ersetzt nicht die generative, produktive, schöpferische und planende Seite des Denkens, die lebenswichtig ist. Sechs brillante, gut ausgebildete Denker an einem Tisch kommen erst dann weiter, wenn einer von ihnen einen konstruktiven Vorschlag macht. Den können dann alle kritisieren.

Viele Probleme unserer Zeit bleiben ungelöst, weil die traditionelle Ausbildung irrigerweise annimmt, Analyse, Urteilsbildung und Diskussion seien ausreichend.

Unsere naturwissenschaftlichen und technischen Errungenschaften sind nicht dem kritischen Denken, sondern dem „System der Möglichkeiten" zu verdanken. Dieses System geht unseren Informationen voraus und erzeugt Hypothesen und Visionen. Diese geben uns einen Rahmen, durch den wir die Welt betrachten können, und sie zeigen uns, worauf wir hinarbeiten können. Das kritische Denken spielt dabei auch eine Rolle, denn wenn wir wissen, dass unsere Hypothese kritisiert wird, bemühen wir uns, sie überzeugender zu formulieren. Aber die kritische Widerlegung einer Hypothese hat noch nie eine bessere hervorgebracht. Bessere Hypothesen sind das Werk der Kreativität.

Unsere Kultur muss unbedingt den Irrglauben ablegen, kritisches Denken sei ausreichend. Solange wir daran glauben, werden wir der schöpferischen, konstruktiven und planerischen Seite des Denkens nie genug Aufmerksamkeit widmen.

Wahrnehmung

Außerhalb hochspezialisierter Fachgebiete ist die Wahrnehmung der wichtigste Teil des Denkens. Wie sehen wir die Welt? Was fällt uns auf? Wie ordnen wir die Welt?

Professor David Perkins aus Harvard hat nachgewiesen, dass fast alle Denkfehler Wahrnehmungsfehler sind. Im wirklichen Leben kommen logische Fehler eher selten vor. Trotzdem behaupten wir, beim Denken gehe es nur darum, logische Fehler zu vermeiden.

In der Frühzeit des Computers gab es ein simples Akronym: GIGO. Das bedeutete *Garbage In Garbage Out* (Müll rein, Müll raus). Selbst wenn ein Computer einwandfrei arbeitet, liefert er nur Müll, wenn wir Müll eingeben.

Genau das Gleiche gilt für die Logik. Wenn Ihre Wahrnehmung begrenzt ist, liefert Ihnen einwandfreie Logik falsche Ergebnisse.

Falsche Logik führt zu falschem Denken. Damit ist jeder einverstanden. Aber das Gegenteil trifft nicht zu. Gute Logik führt nicht zu gutem Denken. Wenn die Wahrnehmung schlecht ist, gibt gute Logik falsche Antworten. Und es besteht sogar die Gefahr, dass gute Logik mit Arroganz einhergeht, die auf der falschen Antwort beharrt.

Im Gegensatz zu den meisten anderen Büchern über das Denken geht es in diesem Buch nicht um Logik, sondern um die Wahrnehmung.

Sehr wahrscheinlich ist die Wahrnehmung ein „Informationssystem, das sich selbst organisiert" (siehe die Bücher *Der Denkprozess* und *Der Klügere gibt nicht nach*). Solche Systeme erlauben es den eingehenden Informationen, Muster zu bilden, in denen unser Denken sich dann verfängt. Wir müssen also unsere Wahrnehmung (Kreativität) erweitern und ändern. Mit solchen Themen befasse ich mich in diesem Buch.

Die Werkzeugmethode

Schreiner haben Werkzeuge und lernen, sie zu benutzen. Hammer, Säge, Hobel und Bohrer haben ihren Zweck. Jedes Werkzeug erfüllt eine genau definierte Aufgabe. Der geschickte Schreiner weiß, welches Werkzeug er zu einem bestimmten Zeitpunkt benutzen muss, um die gewünschte Wirkung zu erzielen.

Auf eine ganz ähnliche Weise stelle ich Ihnen in diesem Buch einige sehr grundlegende Denkwerkzeuge vor. Sie sind überaus einfach und dennoch hochwirksam.

Sie können den Umgang mit diesen Werkzeugen erlernen und üben. Sobald Sie ein wenig Erfahrung haben, können Sie die Werkzeuge in jeder denkbaren Situation benutzen.

Im Grunde handelt es sich um Werkzeuge, die Ihre Aufmerksamkeit lenken. Mit ihnen können Sie Ihre Aufmerksamkeit bewusst steuern. Wenn Sie das nicht tun, folgen Sie den Mustern der Erfahrung und bleiben darin gefangen.

Diese Methode wird schon seit 20 Jahren angewandt. Die Ergebnisse sind sehr gut. Sie ist leicht zu erlernen, zu üben und anzuwenden.

Die Werkzeugmethode ist viel einfacher und effektiver als andere Methoden, die das Denken verbessern wollen.

Wenn Sie nur lernen, Fehler zu vermeiden, ist der Nutzen sehr begrenzt. Fahrfehler vermeiden Sie am besten, wenn Sie Ihr Auto in der Garage lassen.

Debatten und Diskussionen über ein Thema trainieren vielleicht das Denken, produzieren aber keine übertragbaren Fähigkeiten.

Es kann nützlich sein, sich am Denken eines hervorragenden Lehrers zu orientieren; aber dafür müssen Sie lange mit ihm Kontakt haben – und Sie müssen erst einmal einen hervorragenden Lehrer finden.

Jedes hier vorgestellte Werkzeug ist sehr einfach. Sobald Sie den Gebrauch erlernt haben, können Sie es benutzen.

Der menschliche Geist ist voll von „deskriptiven“ Ideen wie „Tisch“, „Geschäft“, „Buch“, „Ausbildung“ und so weiter. Die Denkwerkzeuge liefern dem Geist einige „exekutive“ Ideen, damit wir ihn an verschiedenen Punkten des Denkens anweisen können, nach Wunsch zu arbeiten.

Denken ist eine Fähigkeit, die wir verbessern können – wenn wir es wollen.

Die Werkzeugmethode ist ein sehr effektives Verfahren, um diese Fähigkeit zu verbessern. Einige der grundlegendsten Werkzeuge beschreibe ich in diesem Buch. Sie stammen aus dem Anfängerprogramm *CoRT Thinking Lessons*, das für Schüler in jedem Alter und auf jedem Niveau bestimmt ist.

2
DAS PMI

Es nützt nicht viel, Menschen zu ausgewogenen Ansichten zu ermahnen. Eine Ermahnung verliert fast sofort ihre Wirkung. Die meisten Menschen behaupten ohnehin, sie hätten stets eine ausgewogene Meinung. In der Praxis stimmt das nicht.

Das erste einfache Denkwerkzeug ist daher ein breiter Blickwinkel. Jedes Werkzeug in diesem Buch hat ein Akronym, um ihm eine Identität zu verleihen und damit es im Gedächtnis als etwas Besonderes haften bleibt. Einer Ansammlung von Wörtern gelingt das nicht. Werkzeuge müssen praktisch und brauchbar sein. Einige Aspekte des Designs von Denkwerkzeugen liegen nicht unbedingt auf der Hand und haben dennoch ihren Sinn.

Einmal bat ich 70 sehr intelligente junge Erwachsene, einen Aufsatz über den Vorschlag zu schreiben, die Ehe solle ein Fünfjahresvertrag sein, den man verlängern kann. 67 Teilnehmer formulierten ihre Meinung dazu schon im ersten Satz und nutzten dann den Rest der Abhandlung, um diese Meinung zu begründen. Sie erforschten also das Thema nicht, sondern verteidigten lediglich eine vorgefasste Meinung. So wird es Schülern manchmal beigebracht.

Wie bereits erwähnt, besteht einer der größten Denkfehler darin, dass wir einen Standpunkt verteidigen, den wir bereits eingenommen haben (aufgrund eines ersten Eindrucks, oberflächlichen Denkens, eines Vorurteils oder der Tradition). Das ist eine der größten Gefahren der Intelligenzfalle, und hochintelligente Menschen leiden darunter noch mehr als andere. Sie können ihre Auffassung derart geschickt verteidigen, dass eine nähere Untersuchung ihnen wie Zeitverschwendung vorkommt. Wenn Sie wissen, dass Sie Recht haben und es beweisen können, warum sollten Sie dann ein Thema gründlich untersuchen?

PMI ist ein sehr wirksames Denkwerkzeug und so einfach, dass man es fast nicht erlernen kann – weil alle glauben, sie benutzten es bereits. Die Buchstaben ergeben eine leicht auszusprechende Abkürzung, damit wir uns und andere auffordern können: „Mach mal ein PMI!"

P steht für Plus oder Pluspunkte.
M steht für Minus oder Minuspunkte.
I steht für Interesse oder interessante Punkte.

PMI ist ein Werkzeug, das die Aufmerksamkeit lenkt. Sie richten Ihre Aufmerksamkeit bewusst auf die Pluspunkte, dann auf die Minuspunkte und schließlich auf die interessanten Punkte. Das tun Sie sehr bewusst und diszipliniert etwa zwei bis drei Minuten lang.

PMI ist die erste CoRT-Lektion in Schulen; denn wer diesen Gedanken nicht in sich aufgenommen hat, vergeudet in den folgenden 60 Lektionen seine Zeit. PMI stimmt uns auf Objektivität und „Scannen" ein, wie ich noch darlegen werde.

Einmal wurde ich gebeten, einer Gruppe von Lehrern in Sydney eine CoRT-Lektion vorzuführen. Bevor ich anfing, fragte ich die 30 Schuljungen im Alter von zehn bis elf Jahren, wie ihnen die Idee gefalle, pro Woche fünf Dollar nur für den Besuch der Schule zu bekommen. Allen gefiel diese Idee, und sie erzählten mir, was sie mit dem Geld anfangen würden (Bonbons kaufen, Comics kaufen usw.). Dann erklärte ich ihnen das PMI, teilte sie in Gruppen zu je fünf Mitgliedern ein und ließ sie nach Pluspunkten, Minuspunkten und interessanten Punkten zu diesem Fünf-Dollar-Vorschlag suchen. Nach drei Minuten teilte ein Gruppensprecher das Ergebnis mit. Viele Punkte wurden entdeckt:

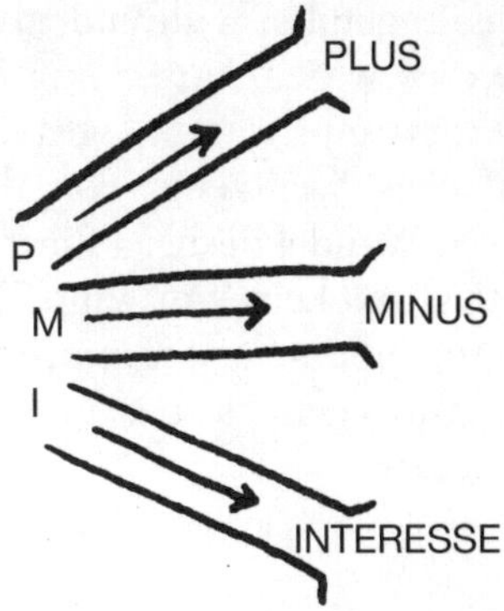

- Die größeren Jungen würden ihnen das Geld gewaltsam wegnehmen.
- Die Eltern würden ihnen keine Geschenke und kein Taschengeld mehr geben.
- Die Schule würde den Preis für die Schulmahlzeiten anheben.
- Wer soll darüber entscheiden, wie viel jede Altersgruppe bekommt?
- Es gäbe Streit und Streiks wegen des Geldes.
- Woher soll das Geld kommen?
- Es wäre weniger Geld für Lehrergehälter da.
- Die Schule hätte kein Geld mehr, um einen Minibus zu kaufen.

Am Ende der Übung fragte ich die Klasse erneut, wie die Idee ihr gefalle. Während zuvor alle 30 Schüler begeistert gewesen waren, hatten nun 29 ihre Meinung vollständig geändert und waren dagegen. Wichtig ist, dass ein ganz einfaches Werkzeug, von den Kindern selbst benutzt, diesen Wandel herbeigeführt hatte. Ich hatte nicht eingegriffen und kein Wort zum Thema gesagt.

Angenommen, Sie machen ein PMI zum Vorschlag, alle Autos gelb zu streichen. Ihr Ergebnis könnte etwa so aussehen:

P

- Auf der Straße besser erkennbar
- Nachts besser zu sehen
- Kein Problem mehr mit der Farbwahl
- Kein Warten mehr auf die gewünschte Farbe
- Einfacher in der Herstellung
- Händler bräuchten weniger Autos auf Lager
- Weniger „Macho-Gehabe“ rund ums Auto
- Autos wären nur noch Transportmittel
- Keine unterschiedlichen Lackspuren bei kleinen Zusammenstößen

M

- Langweilig
- Schwierig, das eigene Auto zu erkennen
- Sehr schwierig, das eigene Auto auf dem Parkplatz zu finden
- Leichter, Autos zu stehlen
- Gelbschwemme könnte die Augen ermüden
- Polizei hätte Probleme, ein Auto zu finden
- Unfallzeugen hätten es schwerer
- Entscheidungsfreiheit wäre eingeschränkt
- Farbhersteller würden Bankrott gehen

I

- Würden verschiedene Gelbtöne aufkommen?
- Wüssten die Leute die erhöhte Sicherheit zu schätzen?
- Würde sich die Einstellung zum Auto ändern?
- Müsste die Innenausstattung eine andere Farbe haben?
- Könnte man das erzwingen?
- Wer würde den Vorschlag befürworten?

Dieser Vorgang ist ganz einfach. Schwierig ist es, die Aufmerksamkeit bewusst der Reihe nach in verschiedene Richtungen zu lenken, obwohl Vorurteile uns bereits eine Meinung aufgedrängt haben. Der „Wille", in eine bestimmte Richtung zu schauen, ist sehr wichtig. Sobald Ihnen das gelungen ist, steht Ihre Intelligenz vor einer ganz natürlichen Herausforderung: möglichst viele P oder M oder I zu finden. Es gibt also einen Schalter. Anstatt Ihre Intelligenz zur Bestätigung eines Vorurteils zu benutzen, wenden Sie sie jetzt an, um das Thema näher zu untersuchen.

Am Ende der Untersuchung können Sie auch Gefühle heranziehen, um eine Entscheidung zu treffen. Der Unterschied ist, dass die Gefühle *nach* der Untersuchung ins Spiel kommen, anstatt die Untersuchung zu verhindern.

Die Blickrichtung

Manchmal bezeichnen wir CoRT als „Brillenmethode". Wenn Sie einem Kurzsichtigen eine geeignete Brille geben, sieht er mehr und besser. Seine Reaktionen entsprechen dann der besseren Sicht. Er kann das gleiche Wertesystem zugrunde legen wie vorher – aber er sieht jetzt besser. Die Denkwerkzeuge, zum Beispiel PMI, übernehmen die Aufgabe der Brille und ermöglichen eine klarere, breitere Sicht. Dann reagieren wir auf das, was wir sehen.

Ein dreizehnjähriges Mädchen fand PMI zunächst künstlich, weil sie ihre Meinung zu einem bestimmten Thema bereits kannte. Als sie dennoch nach P-, M- und I-Punkten suchte, reagierte sie auf der Grundlage ihrer Notizen, und ihre Gefühle änderten sich. Genau das wollen wir erreichen. Sobald wir eine Idee haben und unter einer der Überschriften notieren, können wir sie nicht mehr „wegdenken". Also beeinflusst sie unsere Entscheidung.

Ein Junge sagte einmal, gelbe Autos hätten einen Pluspunkt, weil man sie sauberer halten müsse. Ein anderer hielt das eher für einen Minuspunkt, weil er das Auto seines Vaters waschen musste. Beide haben Recht. Der Junge, der die Sauberkeit als Pluspunkt einstufte, hatte Recht. Der Junge, der die Sauberkeit für einen Minuspunkt hielt, hatte ebenfalls Recht. Beim PMI prüfen wir nicht die Werte innerhalb eines Punktes. Es geht *nicht* um Werturteile. Wir notieren uns die Punkte, die wir sehen, wenn wir in eine bestimmte Richtung schauen. Dieser Unterschied ist entscheidend.

Ein Mädchen schaut immer nach Süden und sieht einen Kirchturm. Ein anderes Mädchen in einem anderen Landesteil schaut nach Norden und sieht denselben Turm. Ist das nun ein Südturm oder ein Nordturm? Natürlich ist er beides. Dasselbe gilt für PMI. P symbolisiert eine Blickrichtung, so wie das Wort „Norden". Wir schauen in diese Richtung und sehen, was wir sehen. Wir nehmen zur Kenntnis, was wir sehen. Dann schauen wir in die andere Richtung. Das Ziel ist effektives Schauen – *nicht* ein Werturteil.

Manche Leute fragen mich, ob es richtig sei, die Punkte so durchzugehen, wie sie einem einfallen, und dann jeden einzeln zu beurteilen und in eine Schublade mit der Aufschrift P, M oder I zu stecken. Das ist ganz falsch – und es macht das PMI zunichte. Wer die Punkte beurteilt, wie sie ihm einfallen, macht eine Übung im Beurteilen. Wer in eine bestimmte Richtung schaut und dann in die nächste, macht eine Aufmerksamkeitsübung. Vielleicht ist die Gehirnchemie sogar ein wenig anders, wenn wir uns vornehmen, in die „Plusrichtung" und nicht in die „Minusrichtung" zu schauen.

Da PMI dieses „Scannen" so gut illustriert, ist es beinahe ein Denkkurs für sich.

Interesse

Das Element „Interesse" des PMI hat mehrere Funktionen. Es sammelt alle Punkte und Kommentare, die weder positiv noch negativ sind. (Es ist übrigens zulässig, einen Punkt sowohl unter P als auch unter M zu subsummieren.) Das I ermutigt uns zudem, ein Problem bewusst ohne Werturteil zu untersuchen und festzustellen, was an einer Idee interessant ist oder wohin sie führt. Ein einfacher Satz, der dabei hilft, ist: „Es wäre interessant zu wissen, ob ..." Dieser Satz erleichtert es, die Idee auszuweiten und nicht als statisch zu behandeln.

Ein weiterer Aspekt der I-Richtung ist die Prüfung, ob eine Idee eine neue Idee nach sich zieht. Auf diesen „Bewegungswert" einer Idee gehe ich im Kapitel über laterales Denken genauer ein.

Schließlich bringt das I dem Verstand bei, auf das Interesse an einer Idee zu reagieren und nicht nur auf Werturteile. Ein Denker sollte sagen können: „Deine Idee gefällt mir nicht, aber sie hat interessante Aspekte." Diese Reaktion ist aller Erfahrung nach sehr ungewöhnlich.

Anwendung des PMI

Viele Leute behaupten, dass sie ohnehin PMI praktizieren. Das trifft vielleicht auf Situationen zu, in denen sie sehr unentschlossen sind. Aber das ist nicht der Hauptzweck des PMI. Im Gegenteil: Sie sollten es vor allem dann benutzen, wenn Sie *keine Zweifel* haben, sondern sofort zustimmend oder ablehnend reagieren (wie die Schuljungen in Sydney, denen ich fünf Dollar pro Woche anbot). PMI soll Sie zwingen, eine Situation gewohnheitsmäßig auch dann zu überprüfen, wenn es Ihnen unnötig erscheint.

Sie können zum Beispiel jemanden zu einem PMI auffordern, der Ihren Vorschlag als wertlos abgelehnt hat oder in einer Situation nicht vorurteilsfrei reagiert. PMI ist nützlich, weil es weniger aufdringlich ist als unmittelbarer Dissens oder Streit. Beim PMI fordern Sie den anderen auf, seine hohe Intelligenz zu nutzen und das Problem zu untersuchen. Das ist etwas völlig anderes, als wenn Sie von ihm verlangen würden, seine Meinung zu ändern. Normalerweise scheut Ihr Gegenüber das PMI nicht, weil er glaubt, es werde seine vorgefasste Meinung stützen.

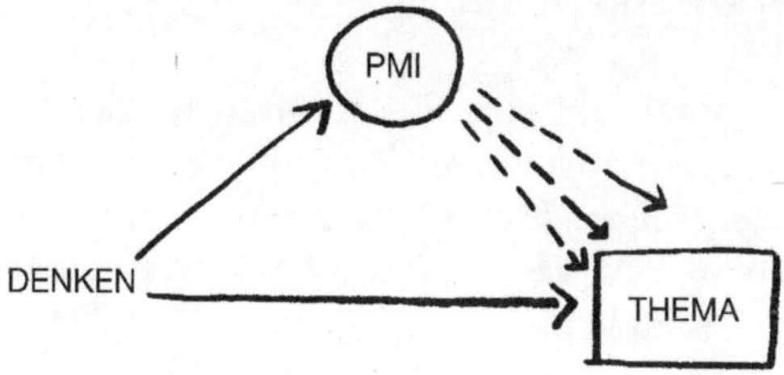

Einmal machte ich ein Experiment mit 140 Topmanagern. Ich teilte sie nach dem Geburtsdatum (gerade oder ungerade) in zwei Gruppen und unterbreitete jeder Gruppe einen Vorschlag, über den sie nachdenken sollte. Der ersten Gruppe schlug ich vor, einen Wechselkurs für die Münzen und Scheine des Vorjahres einzuführen. Die andere Gruppe dachte über eine „Ehe als verlängerbaren Fünfjahresvertrag" nach. Die anfänglichen Meinungen wurden eingesammelt. Dann wurden die Themen vertauscht. Vorher erklärte ich jedoch das PMI und bat alle Teilnehmer, es vor der Entscheidung anzuwenden. Jetzt änderte sich das Ergebnis. Vorher waren 44% für den „Wechselkurs", nach dem PMI nur 11%. Beim „Ehevertrag" war das Ergebnis umgekehrt: Vor dem PMI waren 23% dafür, nach dem PMI sogar 38%.

PMI ist nicht ganz dasselbe wie die Abwägung des „Für und Wider". Letzteres ist eher eine Übung im Beurteilen. Die Richtung „Interesse" berücksichtigt zudem auch jene Punkte, die weder für noch gegen eine Idee sprechen.

Zwei Schritte

Anstatt einfach auf eine Situation zu reagieren und die Reaktion dann zu rechtfertigen, durchläuft der Denker einen zweistufigen Prozess. Der erste Schritt besteht in der bewussten Anwendung des PMI. Der zweite Schritt verlangt, das zu beobachten, was sich beim PMI einstellt, und darauf zu reagieren. Es ist ähnlich, als würden wir eine Landkarte anfertigen und dann auf das reagieren, was sie zeigt.

Übung

Unterschätzen Sie die Effektivität des PMI nicht, nur weil es so einfach aussieht. Ich habe schon erlebt, wie es eine überaus emotionale Diskussion in eine sachliche Besprechung des Themas verwandelte. Sobald wir unsere Aufmerksamkeit in eine bestimmte Richtung lenken, müssen wir die Augen aufmachen. Und was wir gesehen haben, können wir nicht ungesehen machen.

Der Schlüssel ist die Praxis. Üben Sie das PMI selbst, und lassen Sie andere damit üben. Es kann zu einer einfachen Anleitung in Kurzfassung werden. Die seltsamen Buchstaben sind notwendig, um die Gedanken zu bündeln. Es genügt nicht, jemanden aufzufordern, das Pro und Kontra abzuwägen.

Zur Übung können Sie PMI auf jedes unten angeführte Thema anwenden. Nehmen Sie sich jeweils drei Minuten Zeit. Die Methode eignet sich auch für kleine Gruppen.

- Was halten Sie von dem Vorschlag, jeder sollte eine Plakette tragen, die seine Stimmung anzeigt?
- Sollte jedes Kind einen älteren Menschen „adoptieren“, um den es sich kümmert?
- Sind Wochenendgefängnisse für jugendliche Straftäter eine gute Idee?
- Sollten wir bestimmen dürfen, wofür unsere Steuern verwendet werden?
- Sollten Videorekorder einen speziellen Chip enthalten, der das Abspielen von Gewaltvideos verhindert?
- Sollten Autos aus der Stadtmitte verbannt werden?

3
ALTERNATIVEN

Wir Denker neigen von Natur aus dazu, einen Standpunkt zu verteidigen, den wir bereits eingenommen haben. Das macht PMI so wichtig, denn es wirkt dieser natürlichen Tendenz entgegen. Aus genau den gleichen Gründen ist die bewusste Suche nach Alternativen ein extrem wichtiger Teil der Denkfähigkeit. Unser Geist strebt von Natur aus nach Gewissheit, Sicherheit und Arroganz, denn er ist ein System, das Muster bildet und benutzt. Darauf gehe ich im nächsten Kapitel ein. Der Geist will Dinge so schnell wie möglich mit Gewissheit erkennen und identifizieren. Die Gewissheit ermöglicht es ihm zu handeln. Alternativen bedeuten, dass eine Aktion noch nicht möglich ist, da wir uns nicht in mehrere Richtungen zugleich bewegen können. Außerdem führen Alternativen zu Verzögerungen.

Ein guter Arzt will die Krankheit diagnostizieren und behandeln. Diese Metapher illustriert das Dilemma. Was ziehen Sie als Patient vor: einen Arzt, der ins Zimmer stürmt, aufgrund seiner langen Erfahrung schnell eine Diagnose stellt, darauf in arroganter Weise beharrt und Sie mit enormem Selbstvertrauen entsprechend behandelt; oder einen Arzt, der Sie sorgfältig untersucht, möglichst viele Alternativen in Betracht zieht, diese überprüft und schließlich eine Diagnose stellt und Sie dementsprechend behandelt (immer noch bereit, die Diagnose zu ändern)? In der Praxis ziehen Sie vielleicht sogar den schnellen, selbstsicheren Arzt vor. Und Sie wollen bestimmt nicht, dass ein Arzt *Ihnen* alle möglichen Alternativen mitteilt oder dass er zögert und zaudert. Allerdings sagt Ihnen Ihr Verstand, dass der erste Arzt bei aller Selbstsicherheit auch einen schlimmen Fehler machen kann.

Der Geist arbeitet eher wie der erste Arzt, weil wir im Leben weitermachen müssen und eine Vielzahl von Alternativen zu oft Unentschlossenheit bedeutet.

Wegen dieser natürlichen Tendenz des Geistes brauchen wir ein Werkzeug, das wir bewusst anwenden können. Wie beim PMI wollen wir eine konkrete Anleitung haben, die wir immer dann anwenden können, wenn eine Suche nach Alternativen erforderlich scheint. Dieses Werkzeug ist AMA (das erste A steht für Alternativen, das M für Möglichkeiten und das zweite A für Auswahl). Die praktische Anwendung dieses Werkzeugs beschreibe ich später.

Einfache Alternativen

Manchmal ist es leicht, nach Alternativen zu suchen, und es macht Spaß. Jede Alternative, die wir entdecken, macht uns Freude. Die Zeichnung unten stellt nichts Bestimmtes dar. Aber Sie haben die Aufgabe, alles aufzuzählen, was sie darstellen könnte. Sie können das Buch weglegen und möglichst viele Alternativen aufschreiben. Oder Sie lesen meine Vorschläge durch und versuchen dann, weitere Ideen hinzuzufügen.

- zwei mit Helium gefüllte Ballons
- Berliner an Stöckchen
- Drops an Stöckchen
- Blumen
- Bäume
- Zielscheiben für Schielende
- Die Enden von zwei langen Rohren
- Ein alter Rollschuh
- Zwei Köche, die auf einer Veranda Eier braten, von oben betrachtet – und so weiter ...

Diese Aufgabe ist amüsant und nicht sehr schwierig. Es ist allerdings schwierig, *alle* Möglichkeiten zu finden. Sehr häufig ist eine Alternative extrem schwer zu finden, obwohl sie uns rückwirkend betrachtet offensichtlich vorkommt.

Stellen Sie sich ein mit Wasser gefülltes Glas auf dem Tisch vor. Sie haben die Aufgabe, das Glas zu leeren, ohne das Glas zu beschädigen und ohne es zu kippen. Wie viele Lösungen fallen Ihnen ein? Sie können das

Buch wieder weglegen und Ihre Vorschläge aufschreiben oder weiterlesen und dann Alternativen hinzufügen.

- Wasser aufsaugen
- Wasser mit einem Schlauch herauspumpen
- Wasser hinauspusten
- Waschmittel hineinleeren und Wasser heraussprudeln lassen
- Wasser mit einem Lappen oder Schwamm entfernen
- Wasser kochen und verdampfen lassen
- Wasser einfrieren und herausnehmen
- Das Glas in schnelle Drehung versetzen
- Sand, Kiesel oder andere Dinge ins Glas schütten, damit Wasser herausläuft
- Wasser in einen Ballon laufen lassen und herausholen – und so weiter …

Auch diese Aufgabe ist ziemlich leicht, weil es kaum Einschränkungen gibt (Praktikabilität, Kosten, Unordnung usw.).

Schwierigere Alternativen

Vor vielen Jahren saß ich neben Professor Littlewood, einem berühmten Mathematiker, im Trinity College beim Essen. Wir unterhielten uns darüber, ob man Schachcomputer bauen könne. Einig waren wir uns, dass Schach ein schwieriges Spiel ist, weil man viele Figuren braucht und viele Züge möglich sind. Wir hielten es für eine interessante Herausforderung, ein Spiel zu entwerfen, das möglichst einfach ist und dennoch einige Geschicklichkeit erfordert. Daraufhin dachte ich mir das „L-Spiel" aus, in dem jeder Spieler nur eine Figur hat, die L-förmig ist. Die

Spieler bringen das L abwechselnd in eine neue Position (durch Abheben, Umdrehen, Verschieben usw.). Danach dürfen sie eine der neutralen Figuren (in der Zeichnung Kreise) in eine neue Position bringen. Das Ziel des Spiels besteht darin, das L des Gegners zu blockieren.

Die Zeichnung stellt die Ausgangsposition dar. Wie viele mögliche Züge stehen dem Spieler zur Verfügung, der anfängt? Ich habe 60 errechnet, aber das schließt Züge mit den neutralen Figuren ein. Die möglichen Züge mit dem L liegen nicht auf der Hand, wenn man das Spiel nicht kennt.

© de Bono 1969, UK patent 1148172

Eine andere Aufgabe: Wie viele verschiedene Möglichkeiten gibt es, ein Quadrat in vier gleiche Teile zu teilen, die gleich groß sind und die gleiche Form haben? Die meisten Leute finden sechs oder sieben Möglichkeiten – aber es gibt unendlich viele. Und es gibt mehrere Möglichkeiten, diese unendliche Vielfalt zu erzeugen. In diesem Fall sind einige Methoden nicht leicht zu entdecken – trotzdem sind sie im Rückblick offensichtlich.

Die wahre Schwierigkeit

Wenn wir nach Alternativen suchen, ist es nicht sehr schwierig, eine zu finden (es kann jedoch schwierig sein, viele zu finden, und nahezu unmöglich, alle zu finden).

Die wahre Schwierigkeit besteht darin, überhaupt nach Alternativen zu suchen.

Vor einiger Zeit musste ich am frühen Morgen ein Flugzeug von Los Angeles nach Toronto erwischen. Also stellte ich den Radiowecker in meinem Hotelzimmer auf 4.30 Uhr. Um halb fünf meldete sich der Wecker. Da es sehr früh war, drückte ich auf die Schlummertaste, um meine Nachbarn nicht zu wecken. Das sollte mir ein paar weitere Minuten verschaffen. Aber nichts geschah. Ich drückte auf „aus". Wieder geschah nichts. Ich stellte den Alarm auf „Radio" anstatt auf den Summton. Nichts geschah. Ich versuchte, die Weckzeit anders einzustellen. Nichts geschah. Ich zog den Stecker aus der Dose. Nichts geschah (das ist kein Wunder, weil der Wecker Batterien für Stromausfälle enthielt). Ich steckte den Wecker unters Kopfkissen. Nichts geschah. An diesem Punkt schien es zwei Möglichkeiten zu geben: Ich konnte den Portier anrufen und demütig fragen, wie man einen Wecker zum Schweigen bringt, oder ich konnte das Ding in einen Wassereimer werfen. Erst jetzt merkte ich zufällig, dass der laute Summton nicht aus dem Radiowecker kam, sondern aus einem anderen Wecker, den ich gestellt und vergessen hatte.

Die Moral der Geschichte lautet: Ich hielt keinen Augenblick lang inne, um zu überlegen, ob es für das Geräusch eine andere Erklärung gab. Der Übeltäter *musste* einfach der Radiowecker sein. Also suchte ich nicht nach Alternativen. Hätte ich es getan, wäre mir viel Ärger erspart geblieben. Und das passierte einem Menschen, der sich gelegentlich für kreativ hält!

Aber es gibt auch ein Gegenstück zu dieser Geschichte. Auf einem Seminar in Australien fiel es einem Manager und Computerfachmann schwer, den Sinn des lateralen Denkens zu verstehen. Nach der Kaffeepause am zweiten

Tag erschien er mit größerer Begeisterung und sagte: „Seit 25 Jahren werfe ich zwei Stück Zucker in meinen Kaffee. Ich habe immer das eine Päckchen geöffnet und dann das andere. Heute legte ich ohne nachzudenken die Päckchen übereinander und öffnete sie auf einen Schlag. Das ist viel einfacher."

In beiden Geschichten bestand die Schwierigkeit nicht darin, eine Alternative zu finden, sondern nach ihr *zu suchen*.

Jenseits des Adäquaten

Es gibt ein einfaches Experiment, das seinen Zweck jedes Mal erfüllt, wenn ich es probiere. Zwei kleine Bretter liegen auf dem Boden. In beiden ist an einem Ende ein Loch. Auf jedem Brett liegt eine aufgewickelte Schnur. Die Aufgabe besteht darin, mithilfe der Bretter den Raum zu durchqueren, ohne dass ein Körperteil oder Kleidungsstück den Boden berührt.

Manche Leute stellen sich auf ein Brett, schieben das andere ein Stück weg, steigen auf das zweite Brett, ziehen das erste zu sich heran und schieben es nach vorne. Das klappt, aber es geht langsam.

Eine häufiger angewandte Lösung besteht darin, sich die Bretter mit den Schnüren an den Fuß zu binden und dann wie auf Skiern oder Schneeschuhen durch das Zimmer zu gehen.

Aber es gibt eine noch bessere Lösung, die bisher niemandem spontan eingefallen ist: Man vergisst eines der Bretter! Die Schnur wird vorne am verbleibenden Brett befestigt. Dann steigt der Denker auf das Brett, hält es mit der Schnur an den Schuhsohlen fest und hüpft flink durch den Raum.

Die „Ski-Lösung" kommt uns so offensichtlich und adäquat vor, dass wir gar nicht erst nach besseren Alternativen suchen.

In meinem Buch *Die vier richtigen und die fünf falschen Denkmethoden* prägte ich den Ausdruck „Dorfvenus-Effekt". Die Einwohner eines abgelegenen Dorfes (vor der Erfindung des Fernsehens) wissen, dass das schönste Mädchen im Dorf das schönste Mädchen der Welt ist. Sie können sich nicht vorstellen, dass jemand schöner ist, es sei denn, sie sehen eine andere Schönheit. Das geschieht oft in der Wissenschaft, in der Industrie, in Behörden und in anderen Bereichen. Wir sind sehr glücklich mit dem, was wir haben, weil wir uns nichts Besseres vorstellen können. Und solange wir uns nichts Besseres vorstellen können, haben wir kein Motiv, danach zu suchen. Erst wenn wir uns dessen bewusst sind und *bewusst* handeln, sind wir bereit, nach Alternativen Ausschau zu halten. Wir wissen, dass wir meist nichts Besseres finden werden; aber wir sind bereit, Zeit fürs Denken zu opfern.

Im selben Buch stelle ich „de Bonos zweites Gesetz" vor. Es ist ziemlich einfach:

„Ein Beweis ist möglicherweise nichts weiter als ein Mangel an Fantasie."

Oft sind wir nur deshalb von einer Hypothese oder Erklärung überzeugt, weil wir uns keine andere vorstellen können. Ein klassisches Beispiel ist Darwins Evolutionstheorie. Sie ist plausibel und vernünftig und besser als alles andere. Und sie ist unmöglich zu beweisen. Der „Beweis" lautet: Wir können uns keinen besseren Mechanismus vorstellen. Auf ähnliche Weise lehnen wir den Lamarckismus ab, weil wir uns nicht vorstellen können, wie er funktionieren sollte. Darwins Theorie ist teilweise eine Tautologie: Wer überlebt, muss ein Überlebender sein. Was den Mechanismus des Wandels anbelangt, so können wir uns durchaus vorstellen, dass er sich in Viren oder Bakterien ereignet, deren Generationenfolge mehrere tausend Mal kürzer ist als bei Tieren. Veränderungen werden dann durch genetischen Transfer auf Tiere übertragen (wir wissen, dass es das gibt). Oder es gibt eine nicht-genetische Evolution mit chemischen Auslösern und Unterdrückern, die Mütter kontinuierlich an ihre Kinder weitergeben (das könnte zum Lamarckismus führen).

Im Allgemeinen sind adäquate Theorien in der Wissenschaft das größte Hindernis zum Erfolg. Aber es wäre unpraktisch, allen möglichen wilden und wirren Theorien die Schleusen zu öffnen.

In der wissenschaftlichen Praxis halten wir an einer Hypothese fest, bis sie widerlegt ist. Dann gehen wir zu einer besseren über. Um eine Hypothese zu widerlegen, machen wir Experimente, mit denen wir sie eigentlich bestätigen wollen (so will es unser menschliches Ich). Das Unangenehme an diesem Vorgehen ist, dass die vorhandene Hypothese unsere Wahrnehmung beeinflusst und somit auch die Art von Beweisen, nach denen wir suchen. Darum ist oft ein Fehler oder Zufall notwendig, um den unerwünschten Beweis zu finden, nach dem wir nie gesucht hätten, wenn wir an der orthodoxen Hypothese festgehalten hätten. Was also ist zu tun? Die einfache Antwort lautet: Wir wechseln die Sprache. Anstatt uns an die beste Hypothese zu klammern, verbringen wir eine Menge Zeit damit, Alternativen zu produzieren – nicht um sie zugunsten der besten abzuweisen, sondern um einen breiteren Blickwinkel zu bekommen. Aber die Wissenschaftler haben sich wie viele andere Leute nie sonderlich dafür interessiert, wie wir denken.

AMA

Wie bereits erwähnt, steht AMA für Alternativen, Möglichkeiten und Auswahl (engl. APC = *alternatives, possibilities and choices)*. Die drei Wörter bewirken, dass wir AMA aussprechen können. In verschiedenen Situationen ist das eine oder andere Wort vielleicht zutreffender, aber wir sollten nicht versuchen, sie zu trennen. AMA bedeutet, an einem bestimmten Punkt bewusst Alternativen zu produzieren.

Wie PMI verwirklicht AMA lediglich den Wunsch, „an diesem bestimmten Punkt" nach Alternativen zu suchen. Das ist keine Magie, aber es ist sehr effektiv. AMA verwandelt einen allgemeinen Wunsch in eine spezifische Handlungsanweisung (oder in eine „Ausführungsidee") um.

Jetzt können wir uns einige Situationen ansehen, in denen AMA sinnvoll ist.

Erklärungen

Ein junger Mann gießt an einer Tankstelle Bier aus Dosen in seinen Benzintank. Suchen Sie mithilfe des AMA nach möglichen Erklärungen dafür. Einige Möglichkeiten nenne ich unten. Versuchen Sie, weitere zu finden.

- Es ist nicht sein Auto. Er will einen anderen hereinlegen.
- Er ist betrunken.
- Er macht einen Werbespot für Bier.
- Er gießt Benzin aus Dosen in den Tank, weil die Pumpe defekt ist – und so weiter ...

Wenn wir das Verhalten anderer beurteilen oder einen Umschwung der öffentlichen Meinung erklären oder das Marktverhalten studieren wollen, müssen wir alternative Erklärungen finden, einerlei wie wahrscheinlich sie uns vorkommen. Wir suchen nicht nur nach der wahrscheinlichsten Erklärung, sondern nach der wahrscheinlichsten *und* nach einigen anderen. Was Erklärungen betrifft, verfangen wir uns allzu leicht im Adäquaten.

Hypothesen

Männer rauchen weniger, aber dafür rauchen Frauen mehr. Untersuchen Sie diese Aussage mithilfe des AMA, und suchen Sie nach Hypothesen, die diesen Trend erklären könnten. Manchmal ist eine Hypothese praktisch dasselbe wie die Erklärung. Meist aber bezieht sich eine Erklärung auf ein einziges Ereignis oder Beispiel, während eine Hypothese sich auf einen Prozess oder Trend bezieht. Wie bereits erwähnt, müssen wir alternative Hypothesen formulieren, einerlei wie sehr wir versucht sind, eine davon für die beste und „wahre“ zu halten.

Wahrnehmung

Einmal sprach ich in Neuseeland zu einer Gruppe von Unternehmern über das Erschließen neuer Absatzchancen. Viele klagten, es gäbe in ihrem Land so viele Einschränkungen und Vorschriften, dass es schwer sei, die Möglichkeiten zu nutzen. Ein Teilnehmer war anderer Ansicht. Er begrüßte die vielen Vorschriften: „Sie müssen lernen, mit den Vorschriften zurechtzukommen.

Dann sind sie für die Konkurrenz und für neue Wettbewerber effektive Hindernisse. Ich finde also, sie vergrößern meine Chancen.“

Ein Forschungsprojekt wurde als Geldverschwendung kritisiert, weil es nachwies, dass Kinder in Schulen mit Schwimmbecken häufiger schwimmen. Probieren Sie ein AMA: Könnte man das Projekt auch anders bewerten?

Probleme

Wenn ein Problem vorliegt, kann AMA an verschiedenen Punkten einhaken. Der erste ist die Definition des Problems. Wir finden die beste Definition nur, wenn wir die Lösung finden und uns dann rückwärts zur Definition durcharbeiten. Aber wir können auch nach alternativen Definitionen suchen. Finden Sie mithilfe des AMA alternative Definitionen des Problems „Transport während der Stoßzeit in der Innenstadt“.

Wenn wir ein Problem anpacken, können wir zunächst nach mehreren Lösungen suchen, anstatt von Anfang an das Beste im Auge zu haben. Versuchen Sie, etwa fünf unterschiedliche Lösungen für das Verkehrsproblem in der Stoßzeit zu finden.

Wenn wir eine adäquate Lösung für ein Problem gefunden haben, können wir über das Adäquate hinausgehen und nach weiteren Lösungen suchen. Die Zufriedenheit darüber, dass uns überhaupt eine Lösung gelungen ist, dämpft das Interesse an weiteren Lösungen. Außerdem können ja andere danach suchen!

Überprüfen

Ein Problem ist etwas, womit wir uns auseinander setzen müssen. Bei der Überprüfung müssen wir uns bewusst anstrengen, um etwas zu untersuchen, das *kein* Problem ist, das ganz gut läuft, das keine Aufmerksamkeit erheischt. Wir tun das, um festzustellen, ob der Prozess sich vereinfachen lässt oder ob man ihn effektiver oder produktiver machen kann. Das setzt immer die Überlegung voraus, ob es noch andere Wege gibt, eine Aufgabe zu lösen (und ob man sie überhaupt lösen muss). Überprüfen Sie das Verpacken von Schokoriegeln mithilfe des AMA.

Planen

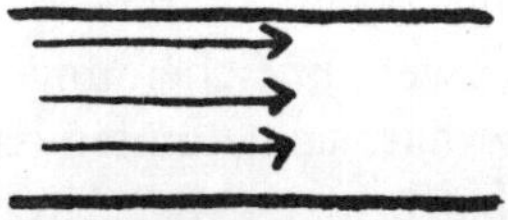

GLEICHE RICHTUNG

Wenn wir planen, bereiten wir etwas vor, was einen bestimmten Zweck erfüllen soll. Dabei haben wir mehr Freiheit, als wenn wir Probleme lösen, denn wir können verschiedene Wege gehen und verschiedene Mittel einsetzen. Notwendig ist nur, dass wir das Ziel erreichen.

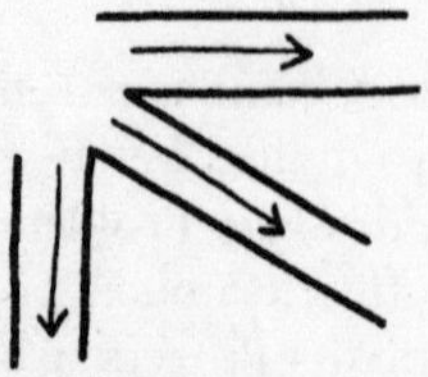

UNTERSCHIEDLICHE RICHTUNGEN

Was AMA betrifft, müssen wir allerdings wissen, ob unsere Alternativen im Wesentlichen das Gleiche sind oder ob wir einen ganz anderen Weg gehen. Meiner Erfahrung nach sind Alternativvorschläge oft nur Varianten ein und derselben Methode.

Benutzen Sie AMA, um über das Design eines Telefons nachzudenken.

Entscheiden

Bei Schulungen in Unternehmen und beim Management-Training wird viel Wert auf Entscheidungen gelegt. Ich gehe später auf dieses Thema ein. Man setzt voraus, dass Alternativen offensichtlich und leicht zu finden sind. Aber es fällt uns sehr oft schwer, Entscheidungen zu treffen, weil wir zu wenige Alternativen gefunden haben. Der Entscheidungsprozess selbst bringt keine Alternativen hervor. Bevor wir über Alternativen entscheiden können, müssen wir zuerst Alternativen entwickeln. Ein Mitbewerber unterbietet den Preis, den Ihre Firma für Toilettenpapier verlangt. Sie haben zu entscheiden, ob Ihr Betrieb den Preis ebenfalls senkt. Suchen Sie mithilfe des AMA nach Alternativen.

Ausführen

Ein altes jüdisches Sprichwort sagt: „Wenn es zwei Möglichkeiten gibt, etwas zu tun, nimm die dritte." Wie beim Entscheiden geht es also auch hier darum, Alternativen zu finden. Das richtige Vorgehen setzt voraus, dass wir Probleme lösen, planen und entscheiden. Überlegen Sie mithilfe des AMA, wie Sie vorgehen, wenn Sie ein neues Spiel für Kinder erfunden haben.

Vorausschauen

Im Geschäftsleben und in vielen anderen Bereichen müssen wir uns Gedanken über die Zukunft machen. Unsere jetzigen Entscheidungen und Pläne wirken erst in der Zukunft. Wenn wir heute investieren, ernten wir die Früchte in der Zukunft. Wir müssen also derzeitige Trends fortschreiben. Einerlei, wie fehlerhaft diese Methode sein mag, niemand glaubt an eine Vorhersage, die nicht darauf beruht. Wir wissen natürlich, dass die Zukunft nicht nur eine Fortschreibung gegenwärtiger Entwicklungen ist. Das Beste ist also, wir entwerfen bewusst alternative Zukunftsvisionen, um unsere Entscheidungsgrundlage zu verbessern – obwohl wir erst dann an eine Zukunft glauben, wenn sie eingetreten ist. Insofern ist die Science-Fiction sehr nützlich. Untersuchen Sie die künftige Entwicklung der Unterhaltungsbranche mithilfe des AMA.

Die obige Liste mit Situationen, in denen AMA hilfreich sein könnte, ist nicht vollständig. Verhandeln, Kommunikation, die Suche nach Chancen, Planung und viele andere Gebiete gehören ebenfalls dazu. Wichtig ist, dass wir zu uns selbst oder zu anderen in der Gruppe sagen können: „Versuchen wir an diesem Punkt mal ein AMA."

Der praktische Wert

Es gibt zwei häufige Einwände gegen den AMA-Prozess. Der erste behauptet, AMA sei Zeitverschwendung und mache unnötige Arbeit. Der zweite unterstellt, zu viele Alternativen machten uns unschlüssig. Beide sind zum Teil berechtigt.

Die Antwort auf den ersten Vorwurf lautet: Wir können nicht wissen, ob die erste Lösung eines Problems die beste ist, es sei denn, wir haben uns bemüht, weitere Lösungen zu finden. Natürlich bedeutet es Arbeit, zwischen mehreren Lösungen zu entscheiden. Das ist bedauerlich – aber Sie können Ihre Entscheidungen niemals verbessern, wenn Sie die Bandbreite Ihrer Alternativen einschränken. Wer nicht gerne arbeitet, ehe er entscheidet, sollte seinen Beruf aufgeben.

Die Antwort auf den zweiten Einwand lautet: Ziehen Sie rigorose Schlussstriche. Sir Robert Watson-Watt, der Vater des Radars, soll einmal gesagt haben: „Heute hast du eine Idee. Morgen hast du eine bessere Idee. Die allerbeste hast du nie." Damit bin ich einverstanden. Ein Designer, der seinen Entwurf ständig ändert, macht eine Produktion unmöglich. Würde ich meine Manuskripte neu schreiben, wären sie jedes Mal besser – aber ich könnte sie nie veröffentlichen, weil der Verbesserungsprozess nie zu Ende wäre.

Wir müssen also praktisch denken, Termine setzen und Pläne „einfrieren".

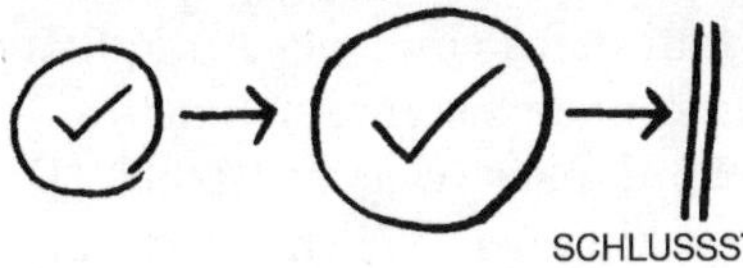

Alternativen und Kreativität

Ohne die Bereitschaft, nach Alternativen zu suchen, haften wir an der Vergangenheit und an dem, was wir schon immer gemacht haben. Wenn Sie Alternativen entwickeln, haben Sie immer die Möglichkeit, alles abzulehnen, was das bisherige Verfahren nicht verbessert. Wenn Sie nie nach Alternativen suchen, haben Sie nie eine Wahl.

Alternativen eröffnen neue Möglichkeiten. Wie ich in der Einführung angedeutet habe, ist das „System der Möglichkeiten“ die treibende Kraft innerhalb unserer Wissenschaft und Technik.

Ein Werkzeug, das uns daran erinnert, wie wichtig Alternativen sind, ist ein wichtiges Denkwerkzeug.

Wir brauchen es umso mehr, als unser Geist seiner Natur nach eher Sicherheit sucht, nicht Alternativen.

Machen Sie folgende Übung:

1. Ein Angestellter, der immer pünktlich war, wird plötzlich unpünktlich. Welche alternativen Erklärungen gibt es?
2. Die Zahl der Einbrüche nimmt plötzlich zu. Nennen Sie einige mögliche Erklärungen.

3. Auf der anderen Straßenseite, gegenüber Ihrem Antiquitätengeschäft, wird ein neues Antiquitätengeschäft eröffnet. Was können Sie unternehmen?
4. Sie haben einen langen Weg zur Arbeit. Der Verkehr wird immer schlimmer. Welche Alternativen stehen Ihnen zur Verfügung?
5. Sie wollen junge Menschen vom Rauchen abhalten. Wie können Sie vorgehen?
6. Wie soll man mit einem Schüler umgehen, der Mitschüler tyrannisiert? Machen Sie einige Vorschläge.

4
WAHRNEHMUNG UND MUSTER

Welchen Hauptzweck hat das Denken? Der Hauptzweck des Denkens besteht darin, Denken überflüssig zu machen. Unser Geist will Verwirrung und Ungewissheit überwinden. Er will draußen in der Welt vertraute Muster erkennen. Sobald er ein solches Muster entdeckt hat, passt er sich ihm an und folgt ihm – und braucht nicht mehr zu denken. Ähnlich ist es beim Autofahren. Sobald Sie in eine vertraute Straße einbiegen, brauchen Sie keine Landkarte, keinen Kompass und keinen Wegweiser mehr. In gewisser Weise ist unser Denken eine ständige Suche nach vertrauten Wegen, die das Denken unnötig machen.

Aber wie entstehen diese Muster, und wie benutzt der Geist sie? Wie beeinflussen sie unser Denken, und wie sollen wir mit ihnen umgehen?

Um das Denken zu verstehen, müssen wir den menschlichen Geist als System begreifen, das Informationen verarbeitet. Darum geht es in diesem Kapitel.

Dieses Kapitel ist ein „Bewusstseinskapitel". PMI und AMA sind Werkzeuge, die Sie üben und benutzen können. In diesem Kapitel möchte ich zeigen, wie der Geist arbeitet. Dieses Wissen ist ein wichtiger Teil des generellen Denkvermögens.

Wahrnehmung

In meinem Buch *Der Denkprozess* erzähle ich folgende Geschichte:

An meinem ersten Tag in Oxford besuchte ich eine Party in London. Die Tore des Colleges wurden um Mitternacht geschlossen, und ich wusste, dass es spät werden würde. Also fragte ich einen alten Hasen, ob man über den Zaun klettern könne. Er meinte, das sei ganz einfach. Man müsse nur über eine Mauer klettern und dann über eine zweite Mauer. Dann springe man vom Dach des Fahrradschuppens in den Innenhof. Ich kehrte gegen drei Uhr morgens zurück und kletterte über die erste Mauer, die etwa vier Meter sechzig hoch war. Dann folgte die zweite, ungefähr gleich hohe Mauer. Dann merkte ich, dass ich wieder draußen auf der Wiese stand: Ich hatte eine Ecke überquert, wie die Zeichnung unten zeigt! Also begann ich von vorne. Diesmal war ich vorsichtiger, was die zweite Mauer betraf. Ich fand ein eisernes Tor, das den Füßen besseren Halt bot. Kaum war ich hinauf geklettert, als das Tor sich öffnete – es war gar nicht verschlossen. Endlich war ich drinnen.

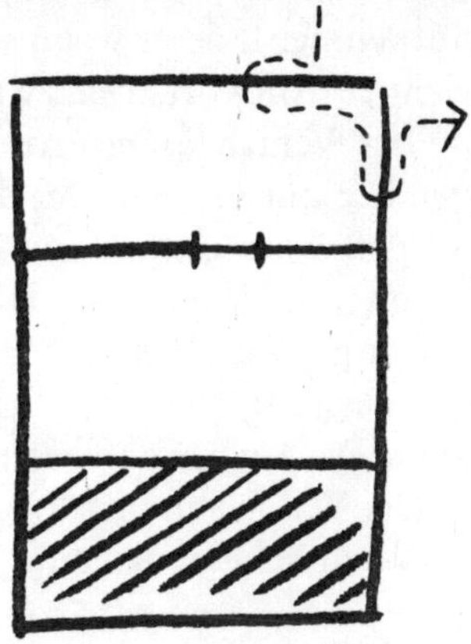

Diese Geschichte erzählte ich einer Gruppe von Computerexperten. Ein Teilnehmer berichtete von einem ähnlichen Erlebnis am selben Ort – allerdings hatte er etwas mehr getrunken. Er kletterte auf die Mauer, verlor das Gleichgewicht und fiel hinunter. Aber dadurch ließ er sich nicht entmutigen. Er rappelte sich hoch und kletterte erfolgreich über die Mauer. Leider war er zuvor *nach innen* gefallen. Also stand er wieder draußen auf der Wiese.

Die Moral dieser beiden Geschichten ist klar: Wer gut über Mauern klettern kann, klettert nicht unbedingt über die richtige Mauer. Das ist eine wichtige Lehre für das Denken. Lesen Sie „Verarbeiten“ für „Klettern“ und „Wahrnehmen“ für „Identifizieren der Mauer“. Eine gute Verarbeitung ist also kein Ersatz für gute Wahrnehmung.

Wahrnehmen heißt, Dinge betrachten. Verarbeiten heißt, aus der Wahrnehmung etwas machen. Was das Denken anbelangt, haben wir uns drei Fehler angewöhnt.

Der erste lautet: Es ist egal, wo wir anfangen (d.h. wie und was wir wahrnehmen), denn wenn wir gut denken, finden wir die richtige Antwort. Der zweite lautet: Wir können im Laufe des Verarbeitungsprozesses herausfinden, wo wir hätten beginnen sollen. Der dritte lautet: Die traditionelle Wahrnehmung genügt, weil sie sich durch Versuch und Irrtum entwickelt hat. Diese drei Trugschlüsse haben dafür gesorgt, dass wir uns viele Gedanken über die Verarbeitung machen. Wir haben dafür sogar hervorragende Werkzeuge geschaffen, zum Beispiel die Mathematik. Die Wahrnehmung haben wir dagegen vernachlässigt, weil wir scheinbar kaum Einfluss darauf haben.

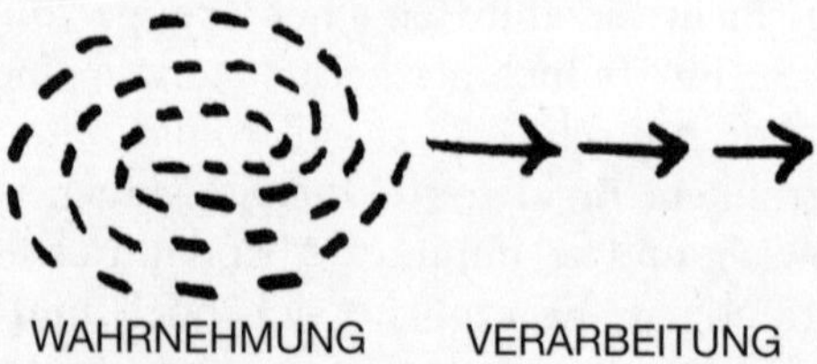

Paradoxerweise hat der Computer mit seiner vorzüglichen „Verarbeitungsfähigkeit" unsere Aufmerksamkeit zurück zur Wahrnehmung verlagert. Da wir die Verarbeitung jetzt für selbstverständlich halten, wird die Wahrnehmung noch wichtiger, denn die Art und Weise, wie wir eine Situation wahrnehmen, entscheidet darüber, wie wir mit ihr umgehen.

Im praktischen Leben spielt das Denken sich meist im Bereich der Wahrnehmung ab. Nur in ganz speziellen Situationen ist eine ausgeklügelte Verarbeitung erforderlich. In Zukunft werden wir die Verarbeitung immer mehr den Computern überlassen. Das Denken als Wahrnehmung bleibt eine Domäne des Menschen. Darum müssen wir auf diesem Gebiet viel besser werden.

Am liebsten illustriere ich das Problem der Wahrnehmung mit dem „Essig-und-Öl-Problem“ (manchmal benutze ich auch das „Wasser-und-Wein-Problem“). Sie bereiten eine Salatsoße zu. Vor Ihnen stehen ein Glas Olivenöl und ein Glas Essig. Sie holen einen Löffel Öl aus dem Ölglas und gießen das Öl ins Essigglas. Sie rühren gut um und gießen dann einen Löffel der Mixtur zurück ins Ölglas. Nun halten Sie inne. Ist jetzt mehr Öl im Essig oder mehr Essig im Öl? (Es kommt zwar nicht darauf an, aber wir können annehmen, dass der Löffel weniger als ein Fünftel des Glasinhalts aufnimmt.)

In meinem Buch *Das spielerische Denken* habe ich geschrieben, meiner Meinung nach befinde sich ebenso viel Öl im Essigglas wie Essig im Ölglas. Mein Verlag hatte daran erhebliche Zweifel. Nach der Veröffentlichung wies mich ein Logiker höflich auf meinen Irrtum hin. Er sagte, der Löffel Öl sei ein Löffel voll reinem Öl. Der zurückkehrende Löffel sei jedoch ein Löffel mit der Mischung und enthalte daher weniger Öl. Darum befinde sich mehr Öl im Essig als Essig im Öl. Das hört sich logisch an. Aber die Wahrnehmung ist falsch.

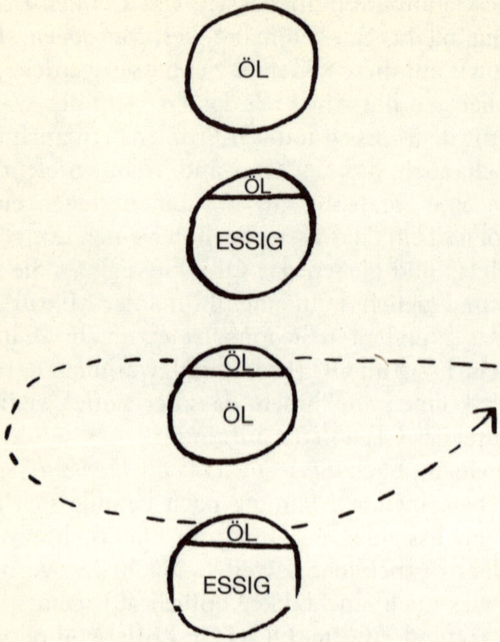

Die folgende Zeichnung betrachtet das Problem von einer anderen Seite. Die beiden Löffel haben das gleiche Volumen. Der erste Löffel enthält reines Öl. Der zweite enthält ein Gemisch, darum treibt das Öl oben auf dem Essig. Aber woher ist diese kleine Menge Öl gekommen? Offensichtlich aus dem Essigglas. Dieses Glas enthielt jedoch anfangs kein Öl. Also muss die kleine Ölmenge eine Rundreise gemacht haben: Sie reiste im ersten Löffel fort und kehrte im zweiten zurück. Dann ist sie wieder dort, wo sie war, und wir können sie vergessen. Wenn wir jetzt dieselbe Ölmenge von beiden Löffeln subtrahieren, bleibt jeweils das gleiche Volumen übrig: einmal ein Volumen aus Öl und einmal ein Volumen aus Essig. Wir haben also gleiche Mengen Öl und Essig ausgetauscht. Es spielt keine Rolle, wie viel Öl zurückkommt. Es ist sogar gleichgültig, ob wir das Öl überhaupt im Essigglas umrühren.

Wenn Sie die ungeraden Zahlen addieren, beginnend mit 1, erhalten Sie immer ein Quadrat:

$1 + 3 = 4 = 2^2$
$1 + 3 + 5 = 9 = 3^2$
$1 + 3 + 5 + 7 = 16 = 4^2$

Wie weisen Sie nach, dass das immer richtig ist? Es gibt viele Möglichkeiten, an dieses Problem heranzugehen. Besonders einfach ist der folgende Weg:

Wir betrachten die Zahlen als Stapel von Kisten. Würden wir alle Reihen addieren, bekämen wir 1 + 3 + 5 + 7 ... Wenn wir den Stapel höher machen, fügen wir die nächste ungerade Zahl hinzu. Jetzt brauchen wir nur noch eine Kiste auf die andere Seite zu verlagern und stellen fest, dass dadurch ein Quadrat entsteht. Das ist immer so, egal wie hoch der Stapel wird.

Diese Beispiele sollen den Unterschied zwischen Wahrnehmen und Verarbeiten illustrieren. Bei der Wahrnehmung geht es darum, wie wir die Dinge sehen. Was wir daraus machen, ist Verarbeitung.

Die Straße überqueren

Die Zeichnung unten stellt ein Gitter dar. Wenn Sie in irgendeinem Quadrat anfangen und dann in ein anderes Quadrat wechseln und so weiter (bis Sie alle Quadrate einmal besucht haben), wie viele verschiedene Wege gibt es?

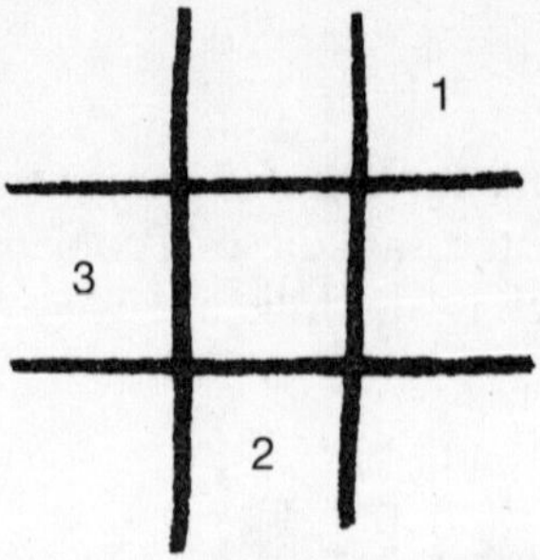

Manche Leute sagen 27, andere behaupten, es seien mehrere hundert. Die richtige Zahl lautet (meiner Meinung nach) 362 880. Diese unerwartet hohe Zahl spiegelt einfach die hohen Zahlen wider, welche die Mathematik uns liefert.

Einmal dachte ich mir ein einfaches Puzzle aus, das sich nur aus 16 Quadraten zusammensetzte. Die Aufgabe lautete: Bilden Sie aus diesen 16 Stücken ein großes Quadrat mit einem bestimmten Muster. Aber das Muster war erst erkennbar, wenn alle Teilchen an der richtigen Stelle lagen. Man wusste also nicht im Voraus, welches Stück neben welchem anderen liegen musste. Jedes Stück bestand aus einer oberen und unteren Seite. Wir bräuchten viele Millionen Jahre, um alle möglichen Kombinationen dieses einfachen Puzzles durchzuspielen, selbst wenn wir in jeder Sekunde, Tag und Nacht, ein Teilchen ablegen würden.

Würden wir vor dem Überqueren einer Straße zuerst alle Informationen analysieren, die wir aufnehmen, und sie auf verschiedene Weise kombinieren, stünden wir nach einem Monat immer noch am Straßenrand.

Wir brauchen aber keinen Monat, um über die Straße zu gehen; denn der Geist arbeitet anders. Wir überqueren die Straße in einer angemessenen Zeit, weil unser Geist von Natur aus „brillant unkreativ" ist. Andernfalls wäre er kaum zu gebrauchen.

Muster bilden

Der menschliche Geist kann (beim Wahrnehmen) aufgenommene Informationen zu einem Muster ordnen, wie die Zeichnung unten es andeutet. Wie er das macht, werden wir gleich sehen.

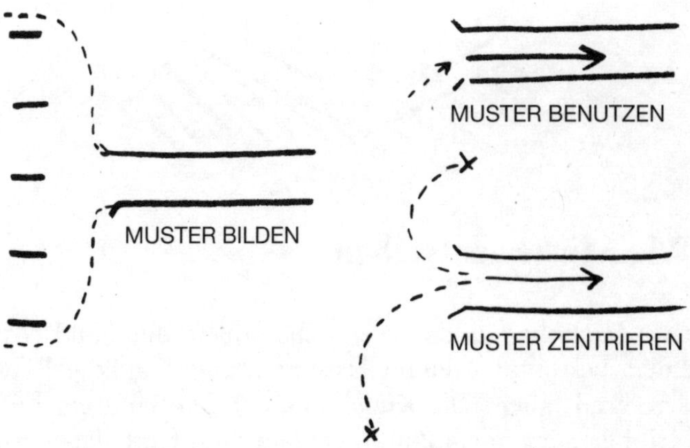

Sobald sich ein Muster gebildet hat, braucht der Geist keine Informationen mehr zu analysieren oder zu ordnen. Er braucht nur genügend Informationen, um ein Muster zu bilden. Dann folgt er automatisch dem Muster, ähnlich wie ein Autofahrer einer vertrauten Straße folgt. Jede vage Bewegung auf der Straße wird, wenn sie eine bestimmte Geschwindigkeit hat, sofort als sich näherndes Fahrzeug registriert.

Diese Fähigkeit des Geistes, Muster zu formen, hat noch einen anderen wichtigen Aspekt. Sofern keine anderen Muster vorhanden sind, wird alles, was dem vertrauten Muster auch nur entfernt gleicht, so behandelt, als wäre es das Muster. Diesen Vorgang können wir mit dem Wasserfluss in ein Tal vergleichen. Wenn kein anderes Tal in der Nähe ist, läuft alles Wasser aus nah und fern in die Mitte des Tales. Das nenne ich „Zentrieren eines Musters“. Die Zeichnung verdeutlicht dieses Prinzip:

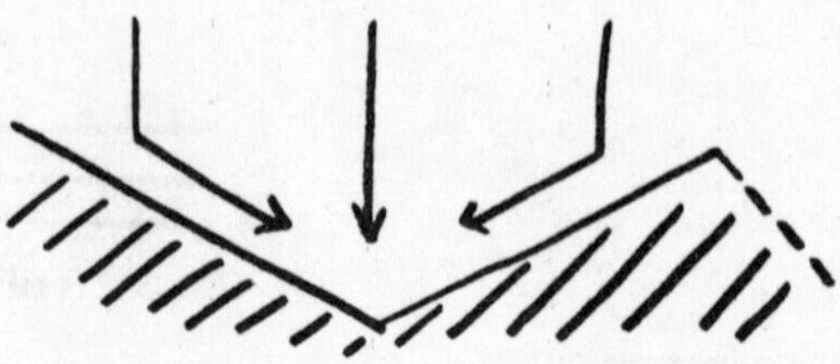

Wie Muster entstehen

Die Zeichnung unten zeigt ein Tablett mit Sand. An einem bestimmten Punkt lassen wir eine Stahlkugel auf den Sand fallen. Die Kugel sinkt in den Sand ein und bleibt genau an dem Punkt, an dem sie aufgeschlagen ist. Wir können auch mit dem Bleistift an einer bestimmten

Stelle eines Papiers einen Punkt markieren oder den Magnetismus eines Magnetbandes an einem bestimmten Punkt ändern. Das Papier, das Band und der Sand liefern eine passive und genaue Aufzeichnung des Ereignisses. Alle unsere Informationssysteme gehören zu diesem passiven Typ.

Nehmen wir nun ein mit Plastik gefülltes Tablett, das eine Mulde hat (nächste Zeichnung). Wieder lassen wir eine Stahlkugel hineinfallen. Diesmal bleibt die Kugel jedoch nicht dort liegen, wo sie aufgeschlagen ist, sondern rollt weiter, bis sie den tiefsten Punkt der Mulde erreicht hat. Einerlei, wo wir die Kugel fallen lassen, sie bleibt immer am selben Punkt liegen. Diese Oberfläche „verändert“ also die eintreffende Information. Im Gegensatz zum Sand zeichnet der Kunststoff nicht exakt auf, was geschehen ist. Dies ist somit kein passives, sondern ein aktives Informationssystem.

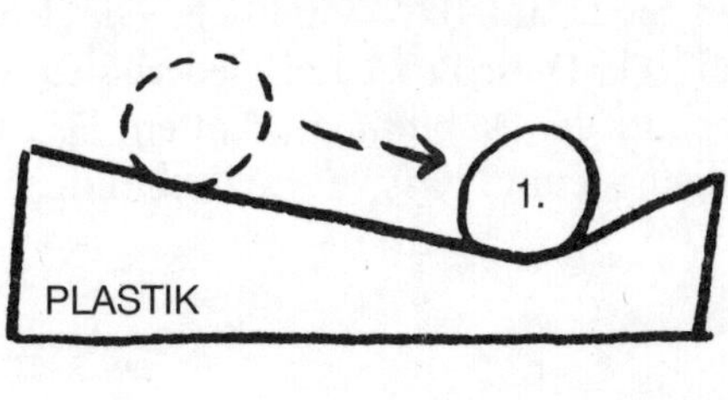

Wenden wir uns nun dem dritten Tablett zu (Zeichnung unten). Es enthält eine schwere, zähe Flüssigkeit mit einer starken Oberflächenspannung. Erneut lassen wir eine Stahlkugel hineinfallen. Langsam sinkt sie ein. Wenn sie zur Ruhe kommt, ist die Oberfläche eingedellt wie der Kunststoff. Wenn wir eine zweite Stahlkugel ins Tablett fallen lassen, rollt sie den Abhang hinunter und bleibt neben der ersten Kugel liegen. Auch dieses „viskose“ Tablett ist ein aktives Informationssystem. Aber im Plastiktablett waren die Konturen bereits vorhanden, ehe die erste Kugel ankam. Im viskosen Tablett formte die erste Kugel die Konturen selbst. Dieses viskose Tablett ist also ein Milieu, in dem eingehende Informationen sich selbst zu Mustern anordnen können.

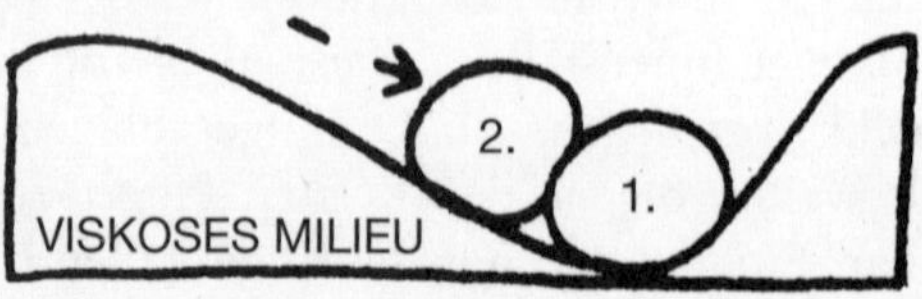

Wenden wir uns einem weiteren Modell zu. Diesmal ist die passive Oberfläche ein Handtuch auf dem Tisch. Daneben steht eine Schale mit Tinte. Wir holen einen Löffel voll Tinte aus der Schale und gießen sie an einer bestimmten Stelle auf das Handtuch. Die Tinte hinterlässt einen Fleck. Diese Prozedur wiederholen wir, bis wir das Muster auf der Abbildung erhalten. Das Handtuch liefert eine genaue und passive Aufzeichnung.

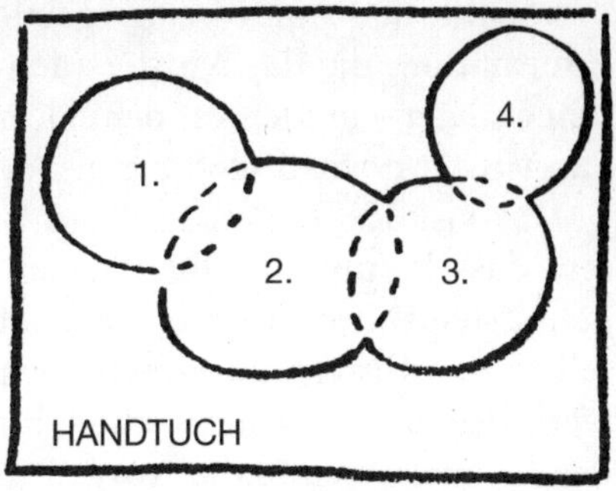

Anstelle des Handtuchs nehmen wir nun eine flache Schale mit Gelatine. Die Tintenschale wird erhitzt. Wenn wir einen Löffel voll heißer Tinte auf die Gelatine leeren, wird diese aufgelöst. Wird die abgekühlte Tinte mit der gelösten Gelatine ausgeleert, bleibt auf der Oberfläche der Gelatine eine flache Mulde zurück. Wenn wir jetzt einen weiteren Löffel voll Tinte in die Schale leeren, fließt die Tinte in die Mulde und macht sie tiefer. Das Gleiche geschieht mit dem dritten und vierten Löffel Tinte. Mit der Zeit gräbt die Tinte einen Kanal in die Gelatine, wie die Zeichnung unten zeigt. Es besteht eine große Ähnlichkeit zwischen der Gelatineschale und dem viskosen Tablett. In beiden Fällen veränderte die erste eingehende Information die Oberfläche. Diese veränderte dann den Empfang weiterer Informationen. Das Gelatinemodell ist aber komplizierter, weil die Information sich selbst zu einem Muster anordnet.

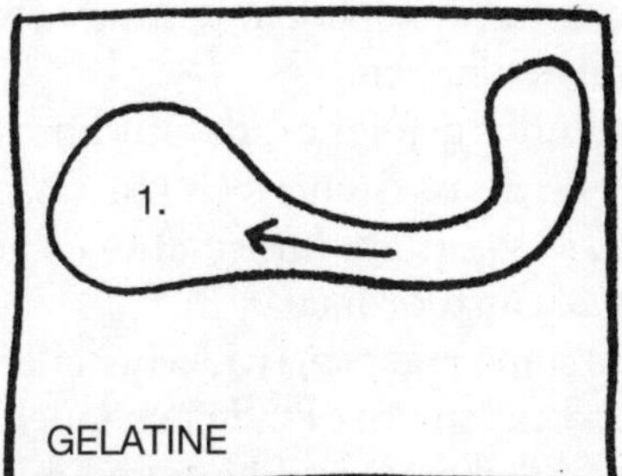

Sobald sich ein Muster gebildet hat, „fließt" jede Information, die das Muster (den „Kanal") erreicht, an ihm entlang – immer auf dem gleichen Weg – und macht das Muster noch ausgeprägter.

Das viskose Tablett und die Gelatineschale illustrieren, dass bestimmte Oberflächen ein Milieu zur Verfügung stellen, in dem eingehende Informationen sich selbst zu Mustern anordnen können. Das Nervennetzwerk des Geistes scheint ähnlich zu funktionieren. Wie das Nervensystem dabei vorgeht, beschreibe ich in meinem Buch *Der Denkprozess*.

Als ich dieses Buch 1969 schrieb, waren die darin enthaltenen Ideen noch ziemlich ungewöhnlich. Heute ist die Vorstellung, dass Informationssysteme sich selbst organisieren können, allgemein anerkannt und es wurde viel auf diesem Gebiet geforscht. Neuronale Computernetzwerke verhalten sich so. Das Modell, das ich damals vorgestellt habe, wurde inzwischen mit Computern simuliert und funktionierte wie vorausgesagt.

Wenn wir Denkwerkzeuge entwickeln wollen, ist es sehr wichtig, die Arbeitsweise des Gehirns zu verstehen. Andernfalls können wir nur beschreiben, was anscheinend vorgeht, und dann versuchen, diese Beschreibungen als Werkzeuge zu benutzen. Das ist die übliche Vorgehensweise, die viel weniger effektiv ist als die Entwicklung von Werkzeugen, nachdem wir die Arbeitsweise des Systems verstanden haben.

An diesem Punkt genügt es, darauf hinzuweisen, dass „aktive" Informationssysteme sich von „passiven" darin unterscheiden, dass sie den Informationen gestatten, sich selbst in Mustern anzuordnen.

Wir können nun vergessen, wie Muster entstehen, und sie als Kanäle, Straßen oder Pfade behandeln. Wer sie am Anfang betritt, „fließt" darauf bis zum Ende.

Der Umgang mit Mustern

Wahrnehmung hat den Zweck, die Bildung von Mustern zu ermöglichen und diese dann zu nutzen. Wie bereits angedeutet, hat das Denken den Zweck, vertraute Muster zu finden, um weiteres Denken unnötig zu machen. Diesen Umgang mit Mustern können wir unter verschiedenen Überschriften näher betrachten.

Muster erkennen

Wenn Sie eine schlechte Handschrift lesen, brauchen Sie eine Weile, um ein Wort zu erkennen. Dann wird es plötzlich klar. Gedruckte Wörter erkennen wir so schnell, dass uns dieses „Muster-Erkennen" kaum bewusst wird. Nur wenn es Schwierigkeiten gibt (z.B. am Telefon eine vertraute Stimme trotz schlechter Verbindung zu erkennen) merken wir, dass Wahrnehmen ein bewusster Prozess ist: Wir müssen uns anstrengen, um das Muster zu identifizieren.

Erwachsene brauchen oft Stunden oder Tage, um Rubiks Würfelproblem zu lösen. Kinder schaffen es in Minuten. Der Rekord liegt bei 25 Sekunden. Diese Zeit reicht natürlich nicht, um gründlich nachzudenken. Hier werden Muster erkannt. Das Erkennen eines bestimmten Musters löst einen Prozess aus, der seinerseits zu einem anderen Muster führt, das wiederum einen Prozess in Gang setzt und so weiter bis zum Schluss.

Dieses Erkennen von Mustern ist eine wundervolle Fähigkeit des menschlichen Geistes. Dank dieser Fähigkeit können wir Freunde begrüßen, eine Sprache benutzen, essen und leben. Unser gesamtes bewusstes Leben basiert darauf. Wenn wir etwas wahrnehmen, bemühen wir uns immer, vertraute Muster zu entdecken.

Falsche Muster

Die Zeichnung unten stellt einen speziellen hölzernen Würfel dar. Jemand gab diesen Entwurf einem Schreiner und bat ihn, den Würfel herzustellen. Die obere Hälfte besteht aus einer anderen Holzart als die untere. Beide Hälften sind durch ein Schwalbenschwanzgelenk miteinander verbunden. Die andere Seite des Würfels sieht genauso aus. Die Frage lautet: Kann der Schreiner diesen Würfel herstellen?

Auf den ersten Blick sieht es unmöglich aus. Stellen wir uns vor, die Gelenklinien verlaufen wie auf der nächsten Abbildung. Es ist unmöglich, die Stücke zusammenzufügen oder zu trennen, wenn sie irgendwie doch zusammengefügt wurden. Also müssten wir den Entwurf ablehnen.

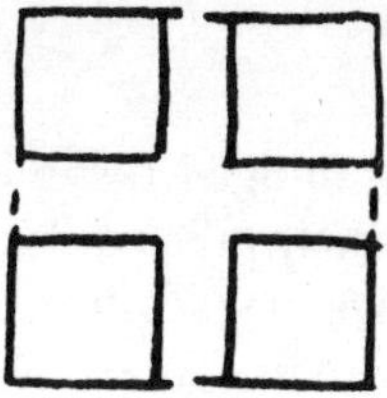

Aber das Muster ist *falsch*. Man kann diesen Würfel herstellen. Und man kann die obere Hälfte von der unteren trennen, nachdem der Würfel zusammengefügt wurde. Normalerweise nehmen wir an, die Linien verliefen im rechten Winkel, wie eben gezeigt. Die tatsächlichen Winkel zeigt die nächste Zeichnung. Wir können also die obere Hälfte mühelos von der unteren wegschieben.

In diesem Fall hat das Erkennen von Mustern uns irregeführt, weil wir ein falsches Muster erkannt haben. Es ist unvermeidlich, dass wir mit einem Mustererkennungssystem ab und zu solche Fehler machen. Aber daraus folgt auch, dass wir umso häufiger ein falsches Muster benutzen, je weniger Muster uns zur Verfügung stehen.

Abstrahieren

Der Geist kann vollständige Muster leicht erkennen, zum Beispiel Gesichter, Buchstaben oder Wörter. Und er ist äußerst geschickt, wenn es gilt, zu abstrahieren oder verborgene Muster aufzuspüren. Wenn Sie willkürlich acht Dinge auswählen und ihre Namen aufschreiben, kann ein Beobachter daraus sehr wahrscheinlich zwei Gruppen zu je vier Namen bilden, wenn er ein Muster abstrahiert – obwohl Sie die Wörter zufällig ausgesucht haben. Sehen Sie sich die folgende Liste an:

Hund
Schirm
Fisch
Auto
Zahncreme
Tisch
Hut
Geld

Wie viele Möglichkeiten gibt es, diese Liste in zwei Gruppen zu je vier Begriffen anzuordnen? Sie können dieses Experiment mit allen möglichen Zufallsbegriffen machen – und wenn Sie ein Publikum haben, werden Sie von der Zahl der entdeckten Muster überrascht sein.

Liegt das abstrakte Muster in den Begriffen oder in der Art und Weise, wie wir sie betrachten? Die Begriffe lösen die Muster aus und wir prüfen diese anhand der Begriffe, aber zuerst müssen die Muster in unserem Gehirn existieren.

Gruppen bilden

Das Leben wird viel einfacher, wenn wir Gruppen bilden. Anstatt etwas über jedes einzelne Auto zu lernen, können wir diese Fahrzeuge in einer generellen Gruppe „Autos" zusammenfassen und für bestimmte Zwecke (z.B. beim Überqueren einer Straße) gleich behandeln. Dieses Gruppieren und Klassifizieren ermöglichen uns außerdem bestimmte Voraussagen über Dinge. Wir identifizieren etwas als Teil einer Gruppe (etwa ein Fahrzeug als Teil der Gruppe „Autos") und unterstellen dann, dass das Objekt auch die Eigenschaften der Gruppe besitzt (z.B. ein Lenkrad). Das war die Grundlage der klassischen Philosophie. Wir erwarten, dass bestimmte Eigenschaften Gruppen bilden, so dass wir nur einige Eigenschaften zu identifizieren brauchen, um den Rest mithilfe eines vertrauten Musters vorherzusagen.

Manche Leute neigen dazu, Dinge in Gruppen anzuordnen, indem sie gemeinsame Merkmale identifizieren. Andere haben die Neigung, Dinge voneinander zu trennen, indem sie nach unterschiedlichen Merkmalen suchen. Wissenschaftler müssen mit beiden Tendenzen kunstvoll umgehen.

Analyse

Es gibt zwei Arten von Analysen. Einmal können wir versuchen, eine komplexe Situation in vertraute und erkennbare Muster zu zerlegen. Wir gehen davon aus, dass diese Elemente sich verbunden haben, um die betreffende Situation hervorzubringen: Es sind Komponenten. Bei der zweiten Art von Analysen handelt es sich eher um Erklärungen. Wir halten nach vertrauten Mustern in der Situation Ausschau, nehmen aber keineswegs an, dass diese Muster Komponenten der Situation sind. Dieser Typ kommt der Abstraktion sehr nahe.

Die chinesische Wissenschaft war schon ziemlich fortgeschritten, lange bevor die westliche Wissenschaft entstand. Dann machten sich die Theoretiker ans Werk und dachten sich alle möglichen Erklärungen aus. Sie erfanden ganze Hierarchien von Geistern, die dafür sorgten, dass Vorgänge in bestimmter Weise abliefen. Die Wissenschaft starb. Das waren Analysen im Sinne von Erklärungen. Die westliche Wissenschaft versucht, den Komponententyp zu benutzen, und scheut die Geister. Das Dilemma ist, dass zu viele Ideen zu Stagnation führen (weil alles möglich ist) und dass zu wenige Ideen die gleiche Folge haben (weil Ideen den Beweisen vorausgehen).

Bewusstheit

Wir müssen uns dessen bewusst sein, wie enorm wichtig die Wahrnehmung für das Denken ist.

Wir müssen uns bewusst sein, dass der wahrnehmende Geist ein sich selbst ordnendes (aktives) Informationssystem ist, das es den eingehenden Informationen ermöglicht, selbst Muster zu bilden. Es ist ein wundervolles System, das es uns ermöglicht, in der Welt einen Sinn zu finden. Ohne dieses System könnten wir nicht leben.

Wir müssen uns bewusst sein, dass der Zweck des Denkens darin besteht, nach vertrauten Mustern zu suchen und diesen dann zu folgen, so dass wir nicht mehr denken müssen.

Wir müssen uns bewusst sein, dass wir oft das falsche Muster zu entdecken glauben.

Wir müssen uns vor allem bewusst sein, dass das Repertoire von Mustern in unserem Geist darüber entscheidet, wie wir erkennen, abstrahieren, klassifizieren, analysieren und denken.

Kunst

Die Kunst will uns unter anderem mit zusätzlichen Mustern versorgen. Sie kristallisiert Erfahrungsmuster so, dass wir sie absorbieren können, ohne sie selbst erleben und in einem langsamen Induktionsprozess erlernen zu müssen. Die Kunst kann uns auch Erfahrungen vermitteln, die uns ansonsten nicht vergönnt sind. In gewissem Sinne ist die Kunst eine beschleunigte Lebensmaschine.

Übung

Es ist eine nützliche Gewohnheit, in bestimmten Situationen einen Schritt zurückzutreten und nach Mustern zu suchen. Die Psychotherapie benutzt beispielsweise meist noch das freudsche Muster: Man gräbt tief, um unbewusste Erklärungen für Gefühle und Verhaltensweisen zu finden. In der Ausbildung lautet das Muster: Es genügt, Informationen zu geben, damit der Geist im Umgang mit ihnen Denkfähigkeiten erwerben kann. In der Politik ist das Muster ein System konkurrierender Kräfte: Parteien behaupten, ihre Ideologie sei die richtige, und versuchen, Wahlen zu gewinnen, um ihre Vorstellungen durchzusetzen.

Versuchen Sie zur Übung, die Grundmuster in folgenden Bereichen zu entdecken:

1. Fernsehwerbung
2. Beziehungen zwischen Arbeitgebern und Arbeitnehmern
3. Zeitungen
4. Urlaubsreisen
5. Kauf von Häusern
6. Tragen von Jeans

5
Laterales Denken

An den Ausdruck „laterales Denken" dachte ich zum ersten Mal während eines Interviews im Jahr 1967. Heute ist er ein Bestandteil des englischen Wortschatzes und wird häufig benutzt. Das liegt daran, dass es ein echtes Bedürfnis gibt, die Art des Denkens zu bezeichnen, bei der es um veränderte Wahrnehmung und neue Ideen geht. Das Wort „Kreativität" ist viel zu allgemein und viel zu vage. Es umfasst den künstlerischen Ausdruck ebenso wie viele andere Dinge, die wenig mit dem neuen Wahrnehmen und mit neuen Ideen zu tun haben. Das laterale Denken kann auch ein bewusster und formeller Prozess sein, für den es Werkzeuge gibt.

Es gibt zwei Arten von Fortschritt. Der eine ist schnell, der andere sehr langsam.

Den ersten Typ illustriert die Zeichnung auf der nächsten Seite oben. Wir gehen drauflos und ein technischer Input oder eine Idee ermöglichen es uns, schneller zu gehen. Ein weiterer Input beschleunigt die Bewegung noch mehr – und so weiter. Heute leben noch Menschen, die geboren wurden, bevor das erste Flugzeug flog. Vor einiger Zeit, während eines Fluges über den Atlantik, fiel mir ein, dass der Löffel Kartoffelbrei, den ich mir in den

Mund schob, sich schneller bewegte als das Geschoss eines Gewehres. Das Gleiche galt für die Passagiere in der Concorde. Das ist ein außergewöhnlicher Fortschritt in einer sehr kurzen Zeit.

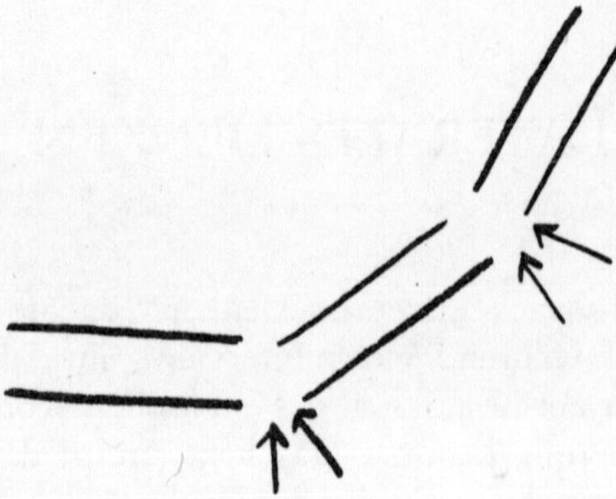

Heute können wir uns für einige hundert Euro einen Computer auf den Tisch stellen, der leistungsfähiger ist als der erste Computer, für den man nach heutigen Preisen fünf Millionen Dollar bezahlen musste und der drei Räume füllte. Auch das ist ein erstaunlicher Fortschritt.

Aber es gibt noch eine andere Art Fortschritt. Unsere Erfahrung formt bestimmte Ideen, Muster und Strukturen. Diesem Muster folgen wir. Um Fortschritte zu machen, müssen wir vielleicht zurückgehen und zu einem anderen Muster übergehen, das sich in der gegebenen Situation besser eignet. Aber wir wissen nicht, wie man zurückgeht oder Muster wechselt. Darum ist der Fortschritt zermürbend langsam. Diese Art Fortschritt sehen wir in der Gesellschaft im Gegensatz zur Technik. Niemand ist daran schuld. Es liegt an der Arbeitsweise unseres Geistes. Es liegt an der Arbeitsweise von Organisationen. Sie sind die Summe der Vergangenheit, kein Entwurf für die Zukunft. Diesen langsamen Fortschrittstyp illustriert die Zeichnung unten.

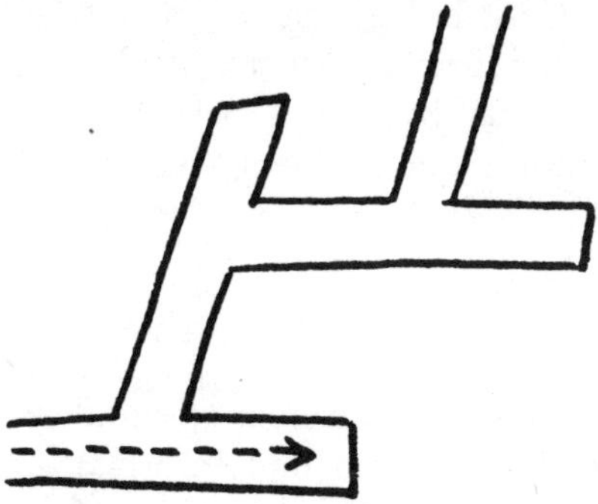

Musterwechsel

Im vorigen Kapitel haben wir das wundervolle System des Gehirns betrachtet, dass Muster bildet und benutzt. Ihm verdanken wir es, dass wir in der Welt einen Sinn finden und darin leben können. Ohne dieses System könnten wir nicht leben. Das Gehirn hat vor allem die Aufgabe, brillant unkreativ zu sein. Das ist richtig so. Aber von Zeit zu Zeit ist ein Musterwechsel notwendig. Das ist schwierig, weil wir dafür keinen Mechanismus haben. In der Politik gibt es das äußerst verschwenderische und ineffiziente „Konfrontationssystem“. In der Wissenschaft und beim Denken neigen wir dazu, ebenfalls dieses System anzuwenden – mangels eines besseren.

Die wichtigsten Entdeckungen in der Medizin sind Zufallsbeobachtungen oder Fehlern zu verdanken. Das ist keine Überraschung, denn in einem derart komplexen

System wie dem Körper ist keine systematische Forschung möglich. Wenn es einen „Durchbruch" gibt, kann die wissenschaftliche Methode folgen, analysieren und entwickeln.

Was den Geist anbelangt, so sorgen Fehler, Zufälle und der Humor für neue Muster. Andere Mechanismen sind schwer vorstellbar. Die Arbeit innerhalb vorhandener Muster führt nicht zu neuen Mustern.

Humor

Ich habe mich immer darüber gewundert, wie wenig Philosophen, Psychologen und Informationstheoretiker sich für den Humor interessieren. Der Humor ist wahrscheinlich das typischste Merkmal des menschlichen Geistes. Er sagt mehr darüber, wie das System arbeitet, als alles andere. Der Verstand sagt uns sehr wenig. Wir können uns logische Systeme mit Kieseln, Perlen an einem Abakus, Zahnrädern oder Elektronik ausdenken. Aber Humor ist nur in einem sich selbst organisierenden, Muster bildenden System möglich, wie unsere Wahrnehmung es darstellt.

Der Humor verlässt ein Muster und wechselt zu einem anderen.

Unten habe ich eine Hauptstraße oder ein Hauptmuster und eine Nebenstraße gezeichnet. Es ist typisch für Muster bildende Systeme, dass die Nebenstraße zunächst unzugänglich ist, wenn wir die Hauptstraße benutzen (die Erklärung finden Sie in meinem Buch *Der Denkprozess*). Wir laufen also die Hauptstraße entlang.

Manche Witze nutzen die Doppelbedeutung eines Wortes, um ein Muster zu wechseln und uns auf die Nebenstraße zu zwingen. Das geschieht beispielsweise, wenn wir einen wenig erfolgreichen Fußballspieler als „Tor des Monats“ bezeichnen.

Eine andere Wirkungsweise des Humors zeigt die nächste Abbildung. Wir werden zunächst an einen scheinbar unsinnigen Ort geführt und dann jäh zurückgebracht. Ein Beispiel:

„Der Schaffner kommt in das Abteil. Ein junger Mann sucht fieberhaft nach seiner Fahrkarte – in den Jackentaschen, in den Hosentaschen, im Mantel am Haken, in der Brieftasche, überall. Nach einer Weile hat der Schaffner Mitleid und zieht ihm die Fahrkarte aus dem Mund, wo sie die ganze Zeit gesteckt hat. Der Schaffner geht; ein Mitreisender fragt den jungen Mann, ob er alle Tassen im Schrank habe. „Durchaus“, sagt der junge Mann. „Ich habe nur das Datum auf der Fahrkarte weggekaut.“

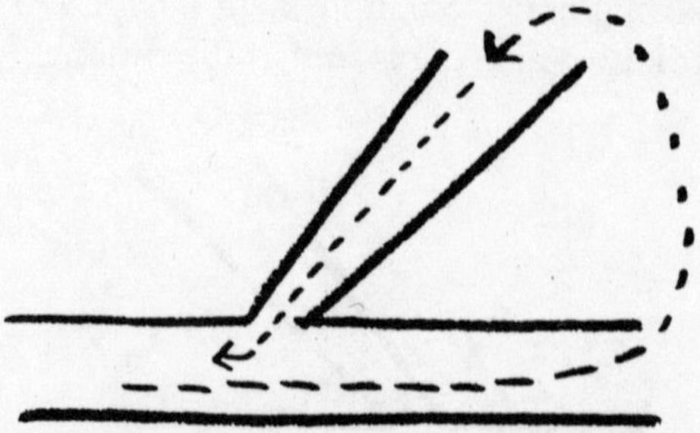

Rückblick und Einsicht

Der Musterwechsel, den wir beim Humor beobachten, ist genau der gleiche wie beim Urteil im Nachhinein und bei der Einsicht. Wir wechseln zu einem neuen Muster und erkennen plötzlich, dass etwas vernünftig und offensichtlich ist. Rückblickend ist jede schöpferische Idee vernünftig – andernfalls würden wir sie nicht für nützlich halten. Es wäre jedoch falsch zu glauben, wir hätten durch logisches Denken auf diese Idee kommen können, nur weil sie uns in der Rückschau vernünftig vorkommt. Diesem Irrtum unterliegen wir aber nur, wenn wir Mustersysteme nicht verstehen. Solche Systeme sind notwendigerweise asymmetrisch, sonst wären sie nutzlos. In der Zeichnung unten unterscheidet sich die Strecke AB sehr von der Strecke BA.

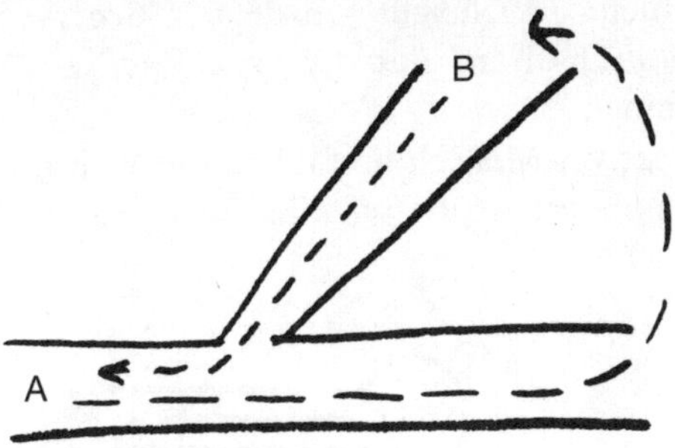

Das laterale Denken will uns einen bewussten Musterwechsel erleichtern, damit wir nicht auf Fehler oder Zufälle angewiesen sind. Es geht dabei um den Musterwechsel, den wir im Rückblick erleben.

Der Grund dafür, dass wir uns nicht ernsthaft um Kreativität bemühen, liegt in dieser „rückblickenden Logik“. Da jede anerkannt gute Idee im Rückblick logisch ist – andernfalls wüssten wir sie nicht zu schätzen –, behaupten wir, Logik hätte eben diese Idee von vornherein hervorbringen müssen, und wir halten Kreativität für unnötig. Das ist in einem Muster bildenden System völlig falsch, wenn es auch in einem passiven, „von außen organisierten“ System zutrifft. Da wir nur passive Systeme betrachten, fällt uns nicht auf, dass Kreativität in einem sich selbst organisierenden Informationssystem aus mathematischen Gründen notwendig ist.

Kreativität und laterales Denken

Ich werde oft gefragt, warum ich den Begriff „laterales Denken“ einführte, obwohl das Wort „Kreativität“ doch ausreichen müsste. Aber das Wort „Kreativität“ ist unzureichend und beschreibt nicht, was ich mit lateralem

Denken meine. Vielleicht wurde der Begriff „laterales Denken“ deshalb in das *Oxford English Dictionary* aufgenommen.

Ein kreativer Mensch betrachtet die Welt mit anderen Augen als andere Leute, wie die Zeichnung unten illustriert.

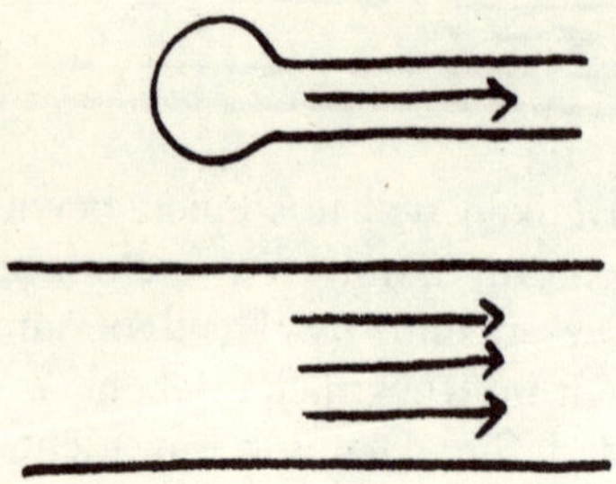

Wenn es einer Person gelingt, ihre Wahrnehmung auszudrücken und anderen mitzuteilen, nennen wir sie kreativ. Wir loben diesen Menschen, weil er uns geholfen hat, die Welt ebenfalls aus einem neuen Blickwinkel zu sehen. Es kann jedoch sein, dass dieser Mensch an seiner speziellen Art der Wahrnehmung haftet und unfähig ist, sie zu ändern und die Welt anders zu sehen. Viele kreative Menschen sind also gleichzeitig unflexibel. Das mindert ihren Wert für die Gesellschaft nicht, denn sie bleiben im Rahmen ihrer speziellen Wahrnehmung schöpferisch, obwohl sie nicht lateral denken. Beim lateralen Denken geht es nämlich darum, die Wahrnehmung zu ändern und an der neuen Wahrnehmung festzuhalten. Manche Menschen sind eben kreativ und gleichzeitig laterale Denker.

Das können wir auch an Kindern beobachten. Wenn ein Neunjähriger vor einem Problem steht, findet er vielleicht eine sehr originelle Lösung, weil er nicht orthodox denkt. Seine Methode ist also kreativ und originell. Aber der gleiche Junge ist vielleicht nicht bereit, eine weitere Lösung zu suchen. Oder er ist nicht imstande, eine zu finden. Er ist demnach kreativ und originell, aber auch unflexibel.

Laterales Denken ist Musterwechsel innerhalb eines Muster bildenden Systems. Es ist umständlich, das Wesen eines solchen Systems zu erklären. In einfachen Worten ausgedrückt, ist es die Fähigkeit, die Welt aus einem anderen Blickwinkel zu sehen.

Großmama strickt und die kleine Susi will unbedingt mit dem Wollknäuel spielen. Der Vater schlägt vor, Susi in den Laufstall zu setzen. Die Mutter wendet ein, es sei sinnvoller, die Oma in den Laufstall zu bringen. Das ist eine neue Art, die Situation zu betrachten, und im Rückblick ist sie durchaus logisch.

Laterales Denken als Prozess

Das Wort „Kreativität" ist auch deshalb problematisch, weil es ein Werturteil ist. Niemand hat je eine neue Idee, die ihm nicht gefällt, als kreativ bezeichnet. Das laterale Denken ist ein neutraler Prozess.

Manchmal benutzen wir es und bringen nichts zustande. Ein andermal haben wir eine gute Idee, die aber nicht besser ist als die bisherige Lösung. Gelegentlich finden wir eine neue Lösung, die viel besser ist als die alte. In allen drei Fällen haben wir lateral gedacht.

Intelligente Menschen sind oft Konformisten. Sie lernen die Spielregeln und nutzen sie, um bequem zu leben. In der Schule lernen sie, dem Lehrer zu gefallen, mit minimaler Anstrengung Prüfungen zu bestehen und mit anderen Leuten auszukommen. Die Kreativität bleibt den Rebellen überlassen, die aus verschiedenen Gründen die Regeln nicht einhalten wollen oder können. Wenn wir die Kreativität in Gestalt des lateralen Denkens als nüchternen Teil der Informationsverarbeitung behandeln, kann das paradoxe Folgen haben: Konformisten werden möglicherweise kreativer als Rebellen, weil Konformisten zugleich die Regeln der Kreativität besser beherrschen. Wenn Kreativität kein Risiko mehr ist, dann beschließen Risikoscheue vielleicht, kreativ zu sein.

Das laterale Denken ist sowohl eine Einstellung als auch eine Anzahl von definierten Methoden. Zur Einstellung gehört die Bereitschaft, die Welt aus einem anderen Blickwinkel zu betrachten und zu akzeptieren, dass jeder Blickwinkel nur einer von vielen möglichen ist. Außerdem müssen wir verstehen, wie der Geist Muster verwendet, und wir müssen alte Muster aufgeben und bessere suchen. Das alles ist nichts Mysteriöses.

Urteil und Provokation

In meinen Seminaren zeige ich den Teilnehmern oft das Bild einer sonderbaren Schubkarre und bitte sie, fünf Kommentare dazu abzugeben. Natürlich hagelt es Kritik: Das Rad ist am falschen Platz. Die Radstange würde abbrechen. Das Rad ist zu klein. Die Schubkarre würde umkippen. Die Griffe sind zu kurz. Es ist schwer, die Griffe nach unten zu drücken. Und so weiter.

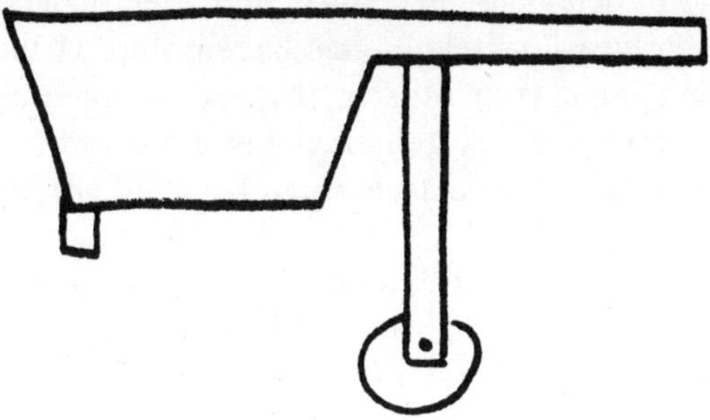

Das Verhältnis zwischen negativen Bemerkungen und dem Kommentar „interessant“ betrug bei Managern 20:1; bei Leuten, die einen IQ über 140 haben, 22:1; bei Lehrern 27:1; bei Zwölf- bis 13-Jährigen 2:1. Der letzte Quotient zeigt zweierlei: Erstens wussten die jungen Leute nicht viel über Schubkarren, den Schwerpunkt und die Hebelwirkung; zweitens dachten sie, ich könne keine bessere Schubkarre zeichnen, und sie wollten nett zu mir sein. Die „interessanten“ Bemerkungen waren zahlreich und vielfältig: Die Schubkarre ist gut, um Löcher und Gräben zu füllen, weil man damit an den Rand fahren und eine Klappe im Boden des Behälters öffnen kann, ohne kippen zu müssen. Man kann mit dieser Schubkarre besser um scharfe Ecken herumfahren, zum Beispiel auf einem Gerüst, weil der Wendekreis kleiner ist. Man belastet den Rücken weniger, weil man höchstens sein eigenes Gewicht heben kann. Man könnte die Radstange an einer Feder befestigen und den oberen Teil rot und den unteren grün streichen, um ablesen zu können, wie sehr ein Arbeiter sich anstrengt.

Die Erwachsenen fällten korrekte Urteile. Wir müssen urteilen, wenn wir mit einem Mustersystem umgehen.

Wir urteilen beim Erkennen und Identifizieren (wie wir im vorigen Kapitel gesehen haben) und wir urteilen, damit wir nicht vom Muster abweichen. Alle negativen Kommentare der Erwachsenen beruhten auf richtigen Urteilen. Darum war der Quotient bei den Lehrern etwas größer.

Ich glaube, wir müssen unser Urteilsvermögen nutzen. Sonst kommen wir nicht weiter. Ein Mustersystem kann ohne diese Fähigkeit nicht funktionieren.

Aber wir müssen auch einen neuen Begriff einführen: Bewegung. Damit meine ich eine Bewegung quer über Kanäle (siehe Zeichnung folgende Seite). Wir benutzen unser Urteilsvermögen, um im bereits vorhandenen Kanal zu bleiben. Wir benutzen die Bewegung, um Muster zu wechseln. Das ist mit den einzelnen Gängen eines Autos vergleichbar. Und wir benutzen einen Gang, wenn wir starten, einen anderen für die Dauergeschwindigkeit und einen dritten, um rückwärts zu fahren. Was das Denken angeht, sollten Sie also in der Lage sein, sowohl das Urteilsvermögen als auch die Bewegung nach Belieben anzuwenden. Darum geht es bei der „Fähigkeit" zu denken.

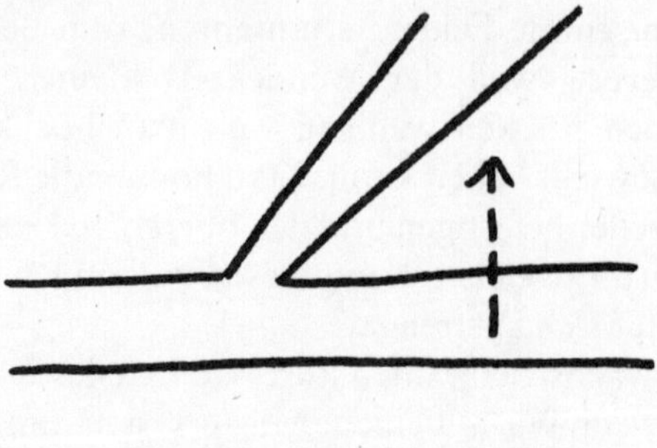

Die Abbildung unten zeigt, was ich mit „Bewegung“ meine.

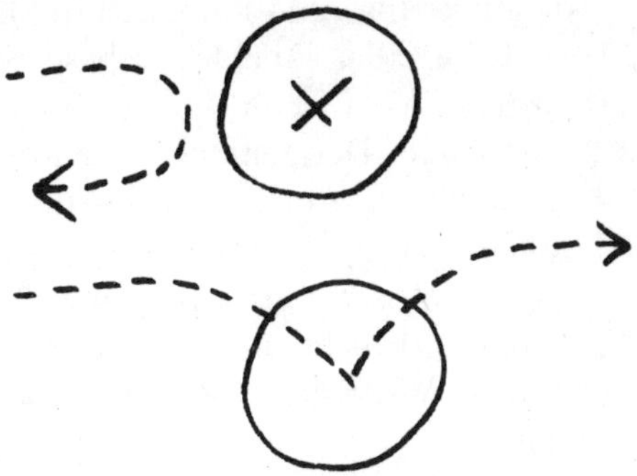

Wenn wir urteilen, lehnen wir eine falsche Idee ab. Wenn wir uns bewegen, benutzen wir die Idee um ihres „Bewegungswertes“ willen. Die Idee wird dann zum Trittstein, auf dem wir zu einem anderen Muster überwechseln. Wir wollen feststellen, wohin die Idee führt. Wir behandeln eine schlechte Idee nicht wie eine gute, sondern wir verlassen das Urteilssystem und machen von der Idee wegen ihres Bewegungswertes Gebrauch, egal ob sie gut oder schlecht ist. Der Bewegungswert ist eine „Provokation“.

Das Wort „po“

Vor vielen Jahren erfand ich das Wort „po“ (kleingeschrieben!). Es ist in Worten wie Hy**po**these, Sup**po**sition, **po**tenziell und **po**etisch enthalten, die etwas mit der „Vorwärtsbewegung“ einer Idee zu tun haben. Wohin führt die Idee? In all diesen Fällen wird eine Idee vorgetragen, um herauszufinden, welche Wirkung sie auf unser Denken hat. In gewisser Hinsicht handelt es sich um provokative, nicht um deskriptive Situationen. Das Wort „po“ ist unmittelbar und bewusst provokativ und daher stärker als sie alle. Eine Hypothese sollte zum Beispiel vernünftig sein – aber eine po-Provokation kann bewusst unlogisch sein. Der Einfachheit halber können wir „po“ als „provokative Operation“ lesen.

Warum brauchen wir „po“? Ganz einfach als Hinweis für uns und andere, dass wir zeitweilig im „Bewegungssystem“ operieren und nicht im „Urteilssystem“. Auch das ist keine Magie. Wie jedes Symbol dient auch dieses der Bequemlichkeit.

Allerdings ist „po“ nicht das Gleiche wie „vielleicht“ oder das japanische „mu“. Wir hören nicht auf zu urteilen. Und wir weigern uns, nicht zu urteilen. Wir operieren nur *außerhalb* des Urteilssystems.

Die beste Definition der Provokation lautet: „Manchmal gibt es erst einen Grund, etwas zu sagen, nachdem man es gesagt hat.“

Die Trittstein-Methode

Die folgende Abbildung zeigt, wie wir den Bewegungswert eines Trittsteins nutzen, um leichter von einem Muster zu einem anderen zu wechseln.

Bei einer Gelegenheit dachten wir über das Parkplatzproblem in einer Kleinstadt nach. Die Pendler wollten im Zentrum parken und blockierten die Parkplätze, die für die Kunden der Geschäfte gedacht waren. Parkuhren wären vielleicht eine Lösung gewesen, aber wir suchten etwas Einfacheres.

Die Provokation lautete: „po-Autos blockieren die Parkzeit selbst.“ Jeder sollte überall und beliebig lang parken dürfen – vorausgesetzt, die Scheinwerfer brannten. Auf diese Weise würde die Parkzeit automatisch begrenzt. Diese Idee wäre auch in Städten mit Parkuhren anwendbar: Wenn Sie die Scheinwerfer anlassen, erklären Sie damit, dass Sie nur ein paar Minuten weg sind und deshalb keine Münze einwerfen müssen. Es gäbe dann viel häufiger freie Parkplätze.

Ein anderes Problem waren Fabriken, die einen Fluss verschmutzten. Je weiter flussabwärts man wohnte, desto schmutziger war das Wasser. Die Provokation lautete: „Eine po-Fabrik steht selbst flussabwärts.“ Das ist auf den ersten Blick unlogisch. Dennoch führte der „Bewegungswert“ dieser Idee zu einer Maßnahme, die (wie ich gehört habe) in einigen Ländern angewandt wird. Normalerweise holt sich eine Fabrik „oben“ Wasser aus dem Fluss und leitet es „unten“ zurück. Die Provokation führte nun zu dem Vorschlag, dass die Fabriken sich das Wasser nur unterhalb des Abflusses holen dürfen – dann wären sie die Ersten, die unter der Verschmutzung zu leiden hätten.

In einem Seminar stellte ich einmal folgende absurde Provokation vor: „po-Flugzeuge sollten mit den Rädern nach oben landen.“ Das ist ein Beispiel für die einfachste Form der Provokation: die Umkehrung. Man stellt das, was normalerweise geschieht, auf den Kopf. Andere Methoden sind Übertreibung, Verzerrung, Wunschdenken (wie im Beispiel mit den Parkplätzen und der Wasserverschmutzung) und alles, was unverschämt oder haarsträubend ist. Einzelheiten über die Techniken des lateralen Denkens finden Sie in dem Buch *Serious Creativity.* Die Provokation, dass Flugzeuge auf dem Dach landen sollten, führte zu der Überlegung, dass die Piloten dann eine viel bessere Sicht hätten. Das warf die Frage auf, wo ein Pilot am besten sitzen sollte. Ist sein Platz ganz oben wirklich der beste, oder handelt es sich dabei nur um eine Tradition (aus einer Zeit, als die Flugzeuge noch viel kleiner waren)?

Die Provokation „Autos sollten eckige Räder haben" führte zu etwa zwölf Überlegungen, bei denen es um Autos und Räder ging, unter anderem diese:

- Ein Innenreifen mit normalem Druck und ein Außenreifen mit niedrigem Druck verbessern die Haftung.
- Ein Bolzen befestigt das „eckige" Rad bei Schnee, Schlamm oder Sand am normalen Rad.
- Das Fahrzeug passt sich dank einer regulierbaren Aufhängung und eines vorne angebrachten „Leitrades" allen Unebenheiten an.
- Ein spiraliges Reifenprofil verhindert Wassergleiten.
- Spezielle „bremsende Räder" an schweren Fahrzeugen verhindern Kontaktverlust mit der Straße, weil sie im Notfall hydraulisch nach unten gedrückt werden.
- Es gibt spezielle Räder für kurze und lange Fahrten.
- Es gibt Autos, die man halb senkrecht parken kann, um Platz zu sparen.
- Reifen haben Kammern, so dass bei einem Schaden nicht gleich der ganze Reifen die Luft verliert.

- Form und Luftdruck der Reifen lassen sich regulieren.
  Und so weiter …

Ich lade Sie ein, diese Provokation weiterzuführen.

Provokationen kann man bewusst herbeiführen, aber sie stellen sich auch beim Denken und in Gesprächen ein. Eine Idee, die zuerst abgelehnt wird, kann man für eine Weile als Provokation verwenden. Mit anderen Worten: Wir urteilen zwar, machen uns aber auch den Bewegungswert zunutze.

Lassen Sie sich vom Bewegungswert folgender Provokationen zu neuen Ideen anregen:

1. po-Tassen bestehen aus Eis.
2. Bei po-Telefonen braucht man nur eine Ziffer zu wählen.
3. Wer im po-Bus fährt, wird dafür bezahlt.
4. In einer po-Schule wird jeden Tag eine Prüfung abgelegt.
5. Eine po-Firma bezahlt dicken Menschen mehr.
6. po-Papier wird nach einer Woche schwarz.

Sie haben viele Möglichkeiten, „in Bewegung“ zu kommen: indem Sie das Prinzip einer Idee ergründen, indem Sie den Folgen einer Idee Schritt für Schritt nachgehen, indem Sie sich darauf konzentrieren, was an der Idee unnormal ist, indem Sie die positiven Aspekte herausstellen.

Die Fluchtmethode

Hier versuchen wir unseren normalen Hauptgedankengang zu identifizieren und dann bewusst in eine andere Richtung zu denken:

In der Praxis ist es äußerst schwierig herauszufinden, was wir in einer Situation für selbstverständlich halten. Um dem gewohnten Denkmuster zu entkommen, versuchen wir, einen bestimmten Aspekt fallen zu lassen oder zu verändern, oder wir suchen nach einem völlig anderen Weg, der zum selben Ziel führt.

Normale Muster sind jene, die wir als gegeben voraussetzen oder für selbstverständlich halten. Wenn wir zum Beispiel eine Telefonzelle suchen, setzen wir voraus, dass der Preis in jeder Kabine gleich ist. Die Fluchtmethode bringt uns vielleicht auf den Gedanken, dass sich neben den normalen Telefonzellen auch eine teurere befinden könnte. Diese wäre dann meist leer, so dass sie für dringende Anrufe zur Verfügung stünde. Wir halten es auch für selbstverständlich, dass jede Zelle nur ein Telefon hat. Angenommen, es gäbe zwei. Welchen Nutzen könnte das haben? Wenn ein Telefon defekt ist, können wir das zweite benutzen. Oder wir könnten telefonieren, während wir auf einen Rückruf warten.

Und wenn viele Leute telefonieren wollen, können zwei in dieselbe Kabine gehen.

In London gibt es relativ wenig Taxis (etwa 11 000), verglichen mit Moskau (15 000) und New York (30 000). Um eine Lizenz zu erhalten, muss ein Fahrer eine Prüfung ablegen und nachweisen, dass er die Straßen, Botschaften, Hotels und so weiter genau kennt. Man braucht 18 Monate, um all dies zu lernen – und wird dafür nicht bezahlt. Was halten wir an Taxifahrern für selbstverständlich? Dass sie den Weg kennen. Eine Alternative wäre ein po-Taxifahrer, der den Weg nicht kennt. Was würde er tun? Er könnte nach dem Weg fragen. Aber wen? Seinen Fahrgast. Das bringt uns auf eine interessante Idee: Es gibt wie bisher die „normalen" Taxis für Touristen und Auswärtige. Hinzu kommt aber ein zweiter Typ von Taxis mit einem großen Fragezeichen auf dem Dach als Hinweis darauf, dass der Fahrer die Wege (noch) nicht kennt. Diese Taxis könnten Leute benutzen, die den Weg selbst kennen. Der Fahrer könnte dann Geld verdienen, während er die Wege lernt (auf einer Rückfahrt ohne Fahrgast müsste er eine Karte verwenden). Es gäbe dann sofort und in Zukunft mehr Taxis. Ortskundige und Besucher würden gleichermaßen davon profitieren, lernende Taxifahrer ebenso.

Für uns ist es selbstverständlich, dass es in einem Land nur eine Währung gibt. Wenn wir bei dieser Idee die Fluchtmethode anwenden, eröffnen sich interessante wirtschaftliche Möglichkeiten. Eine Währung könnte beispielsweise so an die andere gebunden sein, dass sie eine Art inneren Goldstandard darstellen würde.

Versuchen Sie zur Übung, sich von den folgenden Provokationen vom Fluchttyp inspirieren zu lassen:

1. Das Lenkrad in einem po-Auto lässt sich nicht bewegen.
2. po-Trinkgläser haben keinen Boden.
3. Auf po-Umschlägen steht keine Anschrift.
4. Ein po-Restaurant serviert kein Essen.
5. In einem po-Klassenzimmer gibt es keine Lehrer.
6. po-Türen haben keine Griffe.

Die Zufallsmethode

Diese Methode ist die einfachste – und sie macht am meisten Spaß. Die meisten großen Werbeagenturen benutzen sie. Wir beginnen mit einem Gegenstand, einem Wort, einer Person, einer Zeitschrift oder einer Ausstellung, der/die nach dem Zufallsprinzip bestimmt wurde. Wichtig ist, dass wir nicht auswählen; denn wenn wir das tun, stellen wir Beziehungen zu bereits vorhandenen Ideen her und verstärken diese, anstatt sie zu ändern. Wir müssen uns zufälligen Einflüssen aussetzen oder sie bewusst produzieren.

Am bequemsten ist ein Zufallswort. Das finden Sie zum Beispiel, wenn Sie an eine bestimmte Seite und an eine bestimmte Stelle in einem Wörterbuch denken und das Wort (oder das nächste Hauptwort) nehmen, das dort steht.

Einmal diskutierte ich in einem Land, das dringend mehr Lehrer brauchte, über die Lehrerausbildung. Im Wörterbuch fand ich das Wort „Kaulquappe“, das auf den ersten Blick wenig mit der Ausbildung von Lehrern zu tun hat. Kaulquappen haben Schwänze. Also können wir sagen: po-Lehrer haben Schwänze. Was könnte das praktisch bedeuten? Zwei Assistenten oder Praktikanten könnten dem Lehrer überallhin folgen und mit der Zeit immer mehr Aufgaben selbst übernehmen. Ausbildungsstätten und innerschulische Fortbildung würde es natürlich trotzdem geben.

Das Zufallswort bringt uns auf Gedanken, die andernfalls verborgen blieben. Eine Assoziation zwischen Verkehrsampeln und Zigaretten führte einmal zu der Idee, Zigaretten etwa eineinhalb Zentimeter vom unteren Ende entfernt mit einem roten Streifen zu versehen, um dem Raucher klar zu machen, dass er den gefährlichsten Teil erreicht hat und die Zigarette besser wegwerfen sollte.

Auf den ersten Blick kommt es uns unlogisch vor, anzunehmen, dass ein Zufallswort uns bei einem Problem helfen kann. Aber in einem Mustersystem ist das durchaus sinnvoll. Wenn Sie in London leben und ich Sie in irgendeinem Stadtteil absetze, würden Sie nach Hause finden (durch Ihr Wissen, eine Karte oder Auskünfte von anderen). Dabei würden Sie sich Ihrer Wohnung vielleicht aus einer ganz ungewohnten Richtung nähern. Genauso funktionieren Zufallswörter. Das illustriert die Zeichnung unten. Wir weichen von einer gewohnten Denkrichtung ab. Wenn wir ein Zufallswort auf den Tisch werfen, hat es seine eigenen Assoziationen, und früher oder später verbinden diese sich mit den Assoziationen des Problems. Dann können wir das Problem auf der neuen Route verlassen und nach Neuem suchen.

Manchmal sind die Assoziationen des Zufallswortes so nahe liegend, dass sie keine Provokation auslösen. Es ist jedoch noch nie vorgekommen, dass das Wort zu fern liegend wäre. Das ist nicht überraschend, weil wir den Assoziationen des Wortes folgen und neue Worte finden, bis ein großer Fächer von „Verknüpfungen“ entsteht. Außerdem können wir einem Wort oft ein Attribut entnehmen. Das Wort „Elefant“ führt beispielsweise zum

Attribut „sehr groß", und das ist gewiss auf die meisten Situationen anwendbar.

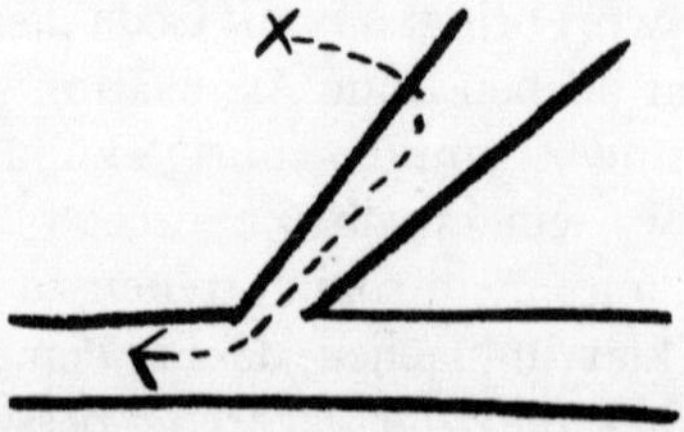

Mehrere Leute haben mir berichtet, dass sie durch Zufallswörter wichtige neue Produkte entwickelt haben, und zwar auf dem Gebiet der Finanzdienstleistungen, der Haushaltsprodukte, des Brückenbaus und so weiter. Benutzen Sie in jedem der folgenden Fälle das beigefügte Zufallswort, um in der genannten Situation auf neue Ideen zu kommen:

1. Zufallswort: Seife. Situation: Möbeldesign.
2. Zufallswort: Wald. Situation: Die Leitung einer Bank.
3. Zufallswort: Rakete. Situation: Suche nach einem Urlaubsort.
4. Zufallswort: Wählerstimme. Situation: Beseitigung der Verkehrsstaus in Innenstädten.
5. Zufallswort: Wolke. Situation: Zum Energiesparen ermuntern.
6. Zufallswort: Zeitung. Situation: Ein neues Fernsehprogramm.

Allgemeine Anwendung des lateralen Denkens

Die drei Methoden „Trittstein“, „Flucht“ und „Zufallswort“ eignen sich als spezifische und formelle Methoden, um neue Ideen hervorzubringen. Noch wichtiger ist das laterale Denken als Einstellung. Dazu gehört die Bereitschaft, nach besseren Ideen zu suchen. In gewissem Sinne illustriert jede Methode einen Aspekt des lateralen Denkens als Einstellung. Bei der „Trittsteinmethode“ nutzen wir eine Idee wegen ihres Bewegungswertes, nicht nur wegen ihres Urteilswertes. Das ist eine positive, konstruktive Einstellung. Bei der „Fluchtmethode“ konzentrieren wir uns auf Dinge, die wir für selbstverständlich halten. Wir fragen uns, ob sie wirklich die einzige oder die beste Vorgehensweise sind. Wir sind bereit, das Vorgehen zu verbessern oder ihm ganz zu entfliehen. Die „Zufallsmethode“ macht uns aufgeschlossen für Ideen, nach denen wir gar nicht gesucht haben. Davon lassen wir uns dann anregen.

Die Logik des lateralen Denkens

Wenn wir über das Verhalten eines sich selbst organisierenden Mustersystems nachdenken, erkennen wir die Logik des lateralen Denkens. Das laterale Denken ist im Universum des Mustersystems völlig logisch. Wir benutzen Methoden, um aus einem gewohnten Muster auszubrechen, nicht nur um innerhalb seiner Grenzen hin und her zu gehen.

Laterales Denken hat etwas mit Wandel zu tun, vor allem wenn es die Flucht vor einem Muster einschließt, das uns in der Vergangenheit zufrieden gestellt hat. In einem anderen Kapitel werde ich mich mit den normalen Methoden des Wandels befassen: Kritik und Angriff. Die Schwäche dieser Methoden besteht darin, dass wir nur dann einen Wandel erwägen, wenn eine Idee als unzureichend erkannt wurde und wenn die angreifende Partei die Macht hat, den Wandel zu bewirken.

Die Japaner haben das dialektische Konfrontationssystem, das wir im Westen so schätzen, nie benutzt. Darum interessieren sie sich mehr für Veränderungen durch Analyse, Einsicht und Umstellungen. Das gleicht dem lateralen Denken sehr. Vielleicht wurden deshalb alle meine Bücher ins Japanische übersetzt und verkauften sich dort *per capita* viel besser als irgendwo sonst in der Welt. Übrigens gibt gerade die Sicherheit der vorhandenen Muster den Japanern die Freiheit, Neues zu erforschen. Offenbar nutzen sie die Tradition als Grundlage für den Wandel, nicht als Bollwerk dagegen.

6
Information und Denken

Wir brauchen so viele Informationen, wie wir bekommen können. Aber wir müssen auch denken. Wir müssen denken, um zu entscheiden, welche Informationen wir wo suchen sollen. Wir müssen denken, um die verfügbaren Informationen optimal zu nutzen. Wir müssen denken, um zu überlegen, wie wir die Informationen zusammenfügen. Die traditionelle Vorstellung in der Ausbildung, Informationen seien ausreichend, ist veraltet und gefährlich.

Es gibt ein Wesen, das nicht denken kann – und keinen Humor hat. Dieses Wesen ist natürlich Gott. Denken bedeutet, sich von einem Wissensstand zu einem besseren zu bewegen. Da Gott vollkommenes Wissen hat, ist er immer schon dort. Darum ist Denken für ihn nicht nur unnötig, sondern unmöglich. Gott kann auch keinen Sinn für Humor haben, weil es keine Überraschungen gibt, wenn man die Gedankengänge eines Witzes bereits kennt.

Wir müssen nur deshalb denken, weil unsere Informationen unvollkommen sind.

In der Ausbildung versuchen wir, uns dem göttlichen Zustand der totalen Information zu nähern. Das ist umso schwerer, je mehr Informationen wir aufnehmen müssen – je größer das Informationsangebot ist. Denken ist kein Ersatz für Information. Wir denken nicht „Wann gibt es wohl einen Flug nach Genf?“, sondern wir informieren uns.

Je mehr Informationen wir haben, desto besser denken und handeln wir. Da jedes bisschen Information uns weiterhilft, müssen wir jedes bisschen Zeit nutzen, um Informationen zu sammeln. Darum haben wir keine Zeit, um über das Denken als Fähigkeit nachzudenken.

Das Dilemma ist offensichtlich. Hätten wir vollständige Informationen über ein Fachgebiet, wäre Denken überflüssig. Aber wenn wir keine vollständigen Informationen bekommen können, ist es besser, etwas weniger Informationen und eine bessere Denkfähigkeit zu haben. Die Abbildung stellt dieses Dilemma dar. Es lautet, einfach ausgedrückt: Wenn wir keine vollständigen Informationen bekommen, sollen wir dann Zeit für mehr Informationen oder für besseres Denken opfern?

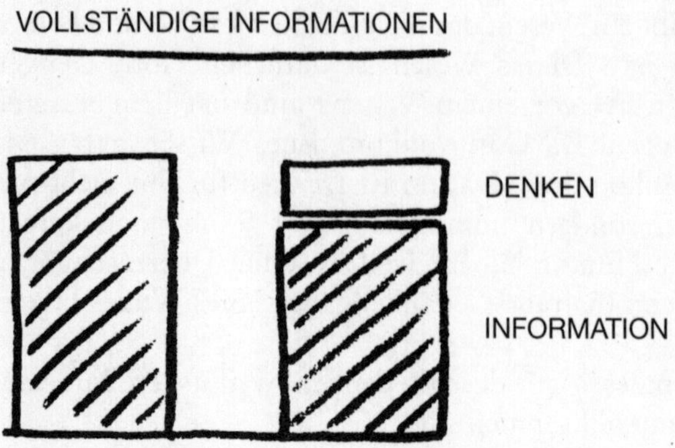

Es mag Gebiete geben, über die wir vollständige Informationen bekommen; häufiger aber müssen wir unzureichende Informationen durch Denken ergänzen. Angenommen, der nächste Flug nach Genf geht um 9.45 Uhr. Wenn ich das weiß, muss ich dann noch denken? Ja. Wie komme ich zum Flughafen? Wie stark ist der Verkehr? Gibt es derzeit Streiks? Muss ich mit schlechtem Wetter rechnen? Spielt es eine Rolle, wenn der Abflug sich verzögert? Wie informiere ich die Leute, die mich erwarten, über die Verspätung? Das alles sind Überlegungen, die Denken erfordern.

Das Handlungsdenken

Es gibt einen Bereich, über den wir nie vollständige Informationen bekommen, so dass wir denken müssen. Dieser Bereich ist die Zukunft. Alles, was wir tun, planen und entscheiden, hat Folgen in der Zukunft. Unser Handeln findet in der Zukunft statt. Bei der Ausbildung geht es jedoch im Wesentlichen um die Vergangenheit: Wir ordnen bereits vorhandenes Wissen, verschaffen uns einen Überblick, beschreiben es und nehmen es auf. Dabei wird unterstellt, dass das Handeln offensichtlich und einfach ist, wenn wir genügend Informationen bekommen. Aber richtiges Handeln setzt viel mehr voraus: Wir müssen über Prioritäten, über die Folgen unseres Handelns und über die beteiligten Personen nachdenken. Das alles sind Aspekte des CoRT-Denkkurses. Ich habe für das Handlungsdenken den Begriff *operacy* geprägt, und ich glaube, diese Fähigkeit sollte in Schulen den gleichen Rang haben wie Lesen, Schreiben und Rechnen.

Wenn wir über unser Handeln nachdenken, ist es wichtig, Erfahrungen auf die gegenwärtige Situation anzuwenden.

Erfahrungen nutzen

Wäre unsere gesamte Erfahrung augenblicklich verfügbar, könnten wir viel besser denken. Aber das ist nicht der Fall. Darum müssen wir sorgfältig über unsere Erfahrungen nachdenken und herauspicken, was wir momentan brauchen. Einer der schlimmsten Denkfehler ist das „Denken von Augenblick zu Augenblick". Dabei wandert der Geist ohne systematischen Überblick von einem Punkt zum anderen. Einmal bat ich 24 Gruppen von Kindern aus London, über den Vorschlag nachzudenken: „Brot, Fisch und Milch sollten kostenlos sein." Die Kinder waren elf Jahre alt. 23 Gruppen kamen zu dem Schluss, es sei ein schlechter Vorschlag, obwohl einige der Kinder aus Familien kamen, die so arm waren, dass sie sich Milch nur gelegentlich leisten konnten. Ein typisches Beispiel für das „Punkt-zu-Punkt-Denken" war: „Wenn es nichts kostet, will es jeder haben. Die Läden wären überfüllt. Die Busse wären überfüllt. Die Fahrer würden mehr Geld verlangen. Aber sie bekämen nicht mehr Geld. Also würden sie streiken. Auch andere würden streiken. Darum ist es eine schlechte Idee." Jeder Punkt steht mit dem nächsten in Verbindung; aber der Vorschlag selbst wird nicht wirklich geprüft.

Da unsere Erfahrung – einschließlich dessen, was wir gelernt haben – die Hauptquelle der Informationen ist, die wir in einer Situation anwenden, müssen wir Werkzeuge entwickeln, die einen allgemeinen Überblick ermöglichen. Zwei solche Werkzeuge sind BAF (Berücksichtige alle Faktoren) und F&K (Folgen und Konsequenzen). Ich habe diese Werkzeuge entworfen, um egozentrisches und kurzfristiges Denken zu verhindern.

BAF

Dieses Werkzeug lenkt unsere Aufmerksamkeit so wie PMI und AMA. Mit anderen Worten: Es konkretisiert die allgemeine Absicht, ein Problem in groben Zügen zu überprüfen. BAF (engl. CAF = *consider all factors*) bedeutet, alle Faktoren zu berücksichtigen, die in einer Situation berücksichtigt werden müssen. Wir versuchen nicht, die Faktoren zu bewerten. Ein BAF vor dem Kauf eines Gebrauchtwagens könnte zum Beispiel so aussehen: Preis, Vorgeschichte, vorherige Besitzer, derzeitiger Besitzer, Kilometerstand (könnte er manipuliert sein?), Wiederverkaufswert, Preis im Vergleich zum Listenpreis, Zustand, Benzinverbrauch, Ölverbrauch, Reifenzustand, Rost, Kosten für Ersatzteile, Eignung des Autos, Händler in der Nähe? Und so weiter. Das ist keine vollständige, nach Prioritäten geordnete Liste, und einige Punkte überlappen sich. Zum „Zustand“ gehören beispielsweise „Rost“ und „Reifenzustand“. Wenn wir auf bestimmte Punkte aufmerksam werden, lohnt es sich, sie gesondert anzuführen. Allgemeine Überschriften schließen zwar viele Faktoren ein, aber sie lenken die Aufmerksamkeit nicht auf jeden dieser Faktoren.

Beim BAF liegt der Nachdruck auf „Was habe ich übersehen?“ und „Was muss ich sonst noch berücksichtigen?“ Ein junges Paar, das ein großes Bett kauft und feststellen muss, dass es nicht durch die Haustür geht, hat einen wichtigen Punkt vergessen.

Zählen Sie mithilfe eines BAF alle Faktoren auf, an die Sie in folgenden Situationen denken sollten:

1. Bei der Berufswahl
2. Beim Planen einer Geburtstagsfeier
3. Beim Entwerfen eines besseren Stuhls
4. Beim Schreiben eines Krimis
5. Bei der Auswahl eines Geschenks
6. Bei der Wahl eines Haustiers

F&K

Wir denken fast immer kurzfristig, weil uns eine bestimmte Handlungsweise sofort gefällt oder missfällt. Wir wollen wissen, was als Nächstes geschieht – die Zukunft soll sich um sich selbst kümmern. Wie wir noch sehen werden, versucht die Gesellschaft mit verschiedenen Mitteln zu erreichen, dass wir langfristiger denken. Beim F&K (engl. C&S = *consequence and sequel*) konzentrieren wir uns bewusst auf die Folgen und Konsequenzen einer Handlung oder Entscheidung. Ich schlage vier Zeitzonen vor: unmittelbare Folgen bis zu einem Jahr, kurzfristige von einem bis fünf Jahren, mittelfristige von fünf bis 20 Jahren und langfristige über 20 Jahren. Das sind willkürliche Zeitrahmen, die man einer Situation anpassen kann.

Wie beim PMI konzentrieren wir uns auch hier der Reihe nach auf Pluspunkte, Minuspunkte und interessante Punkte, aber für sämtliche Zeitzonen. Das ist erstaunlich schwierig – zum Teil deshalb, weil es unnatürlich ist und weil wir nicht gerne in Zeitzonen denken. Wir wissen, dass eine Folge „irgendwann“ eintritt; aber eine genauere Vorstellung haben wir kaum. F&K ist ein brauchbares Werkzeug, um den Nebel zu lichten.

Ein F&K über einen wichtigen Durchbruch bei der Nutzung der Solarenergie könnte zum Beispiel so aussehen:

Unmittelbar (bis zu einem Jahr): Rascher Anstieg der Aktienkurse beteiligter Firmen, viele Gerüchte und Spekulationen, leichter Rückgang des Ölpreises, Baupläne berücksichtigen Einbau von Solarzellen.

Kurzfristig (ein bis fünf Jahre): Weiterer Rückgang des Ölpreises, es wird viel weniger gebaut, Grundstückspreise in der Wüste steigen, Länder der Dritten Welt machen Schulden und haben große Pläne.

Mittelfristig (fünf bis 20 Jahre): Einige Projekte laufen, andere sind gescheitert; Gebiete mit reichlich Sonnenenergie werden bevorzugt; zwei weitere technologische Schritte; Ölpreise beginnen wieder zu steigen; Wasserstoff wird als Treibstoff für Autos getestet.

Langfristig (über 20 Jahre): Klare Trennung der Energiequellen nach Preis und Eignung; Solarenergie wird vorrangig genutzt, außer im Transport; Ölpreis steigt schneller, weil Öl für den Transport und in der Chemie benötigt wird.

Natürlich variiert der zeitliche Rahmen je nachdem, worum es geht. In der Kleidermode bedeutet „unmittelbar“ bis zu einem Monat, „kurzfristig“ bis zu drei Monate, „mittelfristig“ bis zu sechs Monate und „langfristig“ über sechs Monate. Den zeitlichen Rahmen müssen wir vorher festlegen.

Prüfen Sie die folgenden Situationen mithilfe des F&K. Bestimmen Sie selbst, was Sie unter „unmittelbar“, „kurzfristig“, „mittelfristig“ und „langfristig“ verstehen.

1. Schulprüfungen werden abgeschafft.
2. Jeder muss seine Arbeit mit einem anderen teilen.
3. Benzin wird extrem billig.
4. Im Weltall wird Leben entdeckt.
5. Eine Antischwerkraft-Maschine wird erfunden.
6. Ehen halten nur noch fünf Jahre.

Werkzeuge wie BAF und F&K wollen uns helfen, Erfahrungen zu nutzen. Dadurch verbessern wir unsere Wahrnehmung und werden eher klüger als schlauer. Denken Sie daran, dass F&K Ihnen keine Gewissheit über die einzelnen Punkte verschafft. Betrachtungen über die Zukunft sind immer spekulativ, obwohl unterschiedliche Grade der Wahrscheinlichkeit möglich sind.

Konzentriertes Lesen und Zuhören

Es gibt sehr wenige gute Zuhörer. Ein guter Zuhörer hört langsam zu. Er greift nicht vor, fällt kein voreiliges Urteil und denkt nicht über seine Erwiderung nach. Er konzentriert sich auf das, was gesagt wird, und er hört mehr als das, was gesagt wird. Er entnimmt dem, was er hört, möglichst viele Informationen, indem er auch „zwischen den Worten“ lauscht und sich fragt, warum der Sprecher etwas so und nicht anders sagt. Er hört aktiv zu und denkt immer wieder „könnte sein“ und „vielleicht“.

Beim aufmerksamen Lesen ist es nicht anders. Der Leser liest zwischen den Zeilen und denkt darüber nach, wohin das, was er liest, führt. Er ist also kein Schnellleser, der sich nur einen allgemeinen Eindruck verschaffen will. Wenn Sie herausfinden wollen, was geschieht, und schnell das Ende einer Geschichte erreichen wollen, dann lesen Sie nicht aufmerksam. Beide Arten des Lesens haben ihren Wert und ihre Berechtigung. Wir sollten jedoch wissen, wann wir welche Methode benutzen.

Konzentriertes Lesen setzt voraus, dass wir viel denken. Zusammenhänge werden oft nur deutlich, wenn unser Denken eine Reihe von möglichen Situationen rund um das Gelesene erzeugt.

Denken Sie über die Tragweite folgender Aussage nach, die ich einmal in Barcelona machte: „Mir scheint, es gibt in Barcelona eine Menge Schuhgeschäfte." Man könnte daraus vieles schließen, zum Beispiel:

- Ich habe den Stadtteil besucht, in dem sich die Schuhgeschäfte befinden.
- Ich bin nicht gefahren, sondern zu Fuß gegangen.
- Es gibt einen Stadtteil mit vielen Schuhgeschäften.
- Ich wollte Schuhe kaufen oder interessierte mich aus einem anderen Grund für Schuhgeschäfte.
- Mit Schuhen kann man in Spanien gut verdienen.
- Spanier kaufen mehr Schuhe.
- Touristen kaufen Schuhe in Barcelona.
- Schuhe nutzen sich hier schneller ab.
- Es gibt keine sehr großen Schuhgeschäfte.
- Die Steuern in Spanien sind niedrig.
- In anderen Stadtteilen gibt es wenige Schuhgeschäfte.

Die meisten Kommentare sind sehr spekulativ („Es könnte sein, dass ..."). Mehr kann man aus einer einzigen Aussage nicht herausholen. Wenn wir einen ganzen Absatz lesen, können die Spekulationen sich verdichten. Angenommen, im Text werden anschließend die hohen

Grundstückspreise in Barcelona erwähnt, dann ist es wahrscheinlich, dass die Leute viele Schuhe kaufen oder dass die Gewinnspanne hoch ist. Und wenn Barcelona als Zentrum des Tourismus beschrieben wird, steigt die Wahrscheinlichkeit, dass Schuhe sich gut verkaufen.

Es ist nichts Besonderes am aufmerksamen Lesen und Zuhören – außer dass wir es wollen.

Logik

Logik ist eine Methode, die Informationen liefert. Wir beschaffen uns aus dem, was wir schon wissen, weitere Informationen. Wenn wir beispielsweise nicht wissen, ob es eine Straße von A nach C gibt, wir aber eine Straße von A nach B kennen, muss es auch eine Straße von B nach C geben.

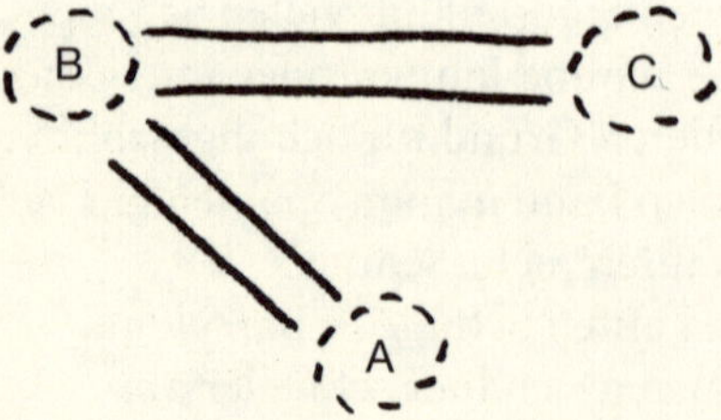

Wir verknüpfen nun diese zwei Informationen und schließen daraus, dass es möglich ist, von A nach C zu kommen.

Das bereits erwähnte logische Klassifizieren ist eine weitere Methode, um mehr Informationen zu erhalten. Wenn wir nachweisen können, dass etwas zu einer Gruppe gehört, können wir daraus schließen, dass es alle Eigenschaften dieser Gruppe hat. Das ist allerdings ein

Zirkelschluss, denn wir hätten das Objekt eigentlich nicht der Gruppe zuordnen dürfen, bevor wir wussten, dass es alle Eigenschaften der Gruppe besitzt. Trotzdem hat diese Methode ihren praktischen Wert, vor allem wenn wir es nicht mit Dingen, sondern mit Worten zu tun haben.

Ein weiterer Aspekt der Logik ist der Aufbau eines bestimmten Informationsuniversums (wie in der Mathematik). Danach können wir untersuchen, welche Beziehungen es in diesem Universum gibt. Es kann jedoch gefährlich sein, Schlussfolgerungen auf die reale Welt zu übertragen.

In einem kugelförmigen Universum können wir uns zum Beispiel einem Punkt P nähern und uns gleichzeitig von ihm fortbewegen. Das widerspricht offensichtlich dem Gesetz vom Widerspruch.

Auf den spekulativen Gebieten, die ich in diesem Kapitel bespreche, benutzen wir häufig Ausdrücke wie „könnte sein“ oder „vielleicht“. Die Logik will es viel genauer wissen und verwendet Ausdrücke wie „muss sein“ und „kann nicht sein“. Anstatt Möglichkeiten zu suchen, die sich überlappen, machen wir jetzt einen Schritt nach dem anderen, und zwar mit der Gewissheit der Deduktion.

Diese Methode kann sehr effektiv sein, wenn sie anwendbar ist. Aber sie ist in der realen Welt nicht so leicht anwendbar, wie viele Leute behaupten.

Mehr Informationen beschaffen

Wir haben soeben überlegt, wie wir bereits vorhandene Informationen besser nutzen können. Wenn wir mehr Informationen von außen beschaffen wollen, haben wir drei Möglichkeiten. Wir können Informationsquellen nutzen, Fragen stellen oder experimentieren.

Der Umgang mit Informationsquellen ist ein Kapitel für sich, und oft widmen wir ihm nicht genügend Aufmerksamkeit. Zu wissen, wo und wie wir suchen müssen, ist ebenso wichtig wie die Denkfähigkeit. Es gleicht dem Lösen von Problemen: Sie kennen Ihr Ziel und überlegen, wie Sie an dieses Ziel kommen.

Fragen

Geschickte Fragen gehören zum Handwerkszeug eines Rechtsanwalts. Wir können Fragen grob in zwei Gruppen einteilen. Erstens gibt es gezielte Fragen (GF), die wir einsetzen, wenn wir das Ziel genau kennen. Meist erwarten wir ein Ja oder Nein als Antwort oder eine Bestätigung oder Verneinung. Zum Beispiel: „Warst du vorige Woche in London?"

Mit einer Köderfrage (KF) lassen wir einen Köder im Wasser baumeln und warten, dass etwas anbeißt. „Wo warst du gestern?" ist so eine Köderfrage, weil wir keine Ahnung haben, wie die Antwort lautet. Mit solchen Fragen wollen wir eine Situation „öffnen". Außerdem benutzen wir sie, wenn es so viele Möglichkeiten gibt, dass zahlreiche gezielte Fragen notwendig wären, um die Antwort zu finden. Auch Köderfragen können aber mehr oder weniger gezielt sein. Die Frage „Was hast du gestern gemacht?" ist beispielsweise offener als die Frage „Wo warst du gestern?"

Es ist offensichtlich unmöglich, eine Frage ohne jedes Ziel zu stellen. Wichtig ist, dass wir dieses Ziel oder diese Absicht definieren und dann überlegen, wie wir es erreichen. Die richtige Frage zu stellen ist nicht so leicht, wie es bisweilen scheint. Es ist einfach, alte Fragen zu wiederholen, aber eine Frage effizient und ökonomisch zu formulieren, ist etwas anderes.

Formulieren Sie für jede der folgenden Situationen zwei GF und zwei KF:

1. Sie wollen herausfinden, wo Ihre Freunde den Urlaub verbrachten.
2. Sie suchen ein neues Speiselokal.
3. Sie wollen herausfinden, was ein Gesprächspartner gerne tut.
4. Sie wollen herausfinden, warum ein Bekannter plötzlich so viel Geld hat.
5. Sie erkundigen sich bei einem Zeugen nach einem Unfall, an dem zwei Autos beteiligt waren.
6. Sie wollen eine neue Kamera kaufen.

Experimente

Ein Experiment ist eine Frage über unsere Umwelt. Es ist meist eine gezielte Frage, denn das Experiment ist entweder erfolgreich oder nicht. Wir haben aber bestimmte Erwartungen und Hoffnungen. Ein einfaches Spiel lehrt uns eine Menge über Experimente. Jemand zeichnet eine einfache Figur mit einem verborgenen Merkmal. Die Versuchsperson soll durch Experimentieren herausfinden, um welches Merkmal es sich handelt. Ein Experiment ist eine weitere Zeichnung. Wenn die neue Zeichnung ebenfalls das verborgene Merkmal enthält, war das Experiment erfolgreich. Wenn nicht, ist es fehlgeschlagen. Die folgende Abbildung zeigt ein interessantes Beispiel.

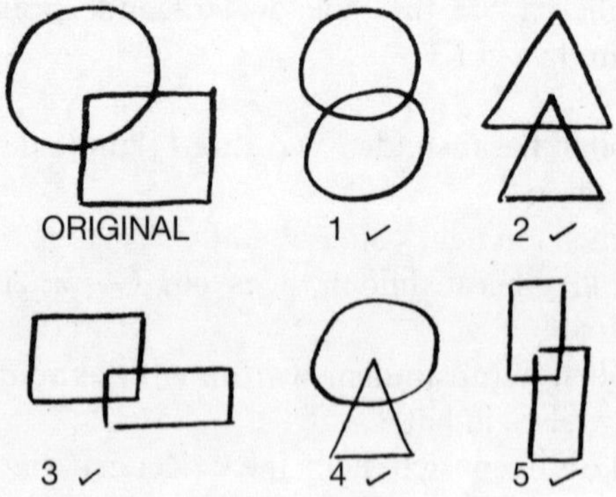

Wir sehen die ursprüngliche Zeichnung und dann eine Reihe von Experimenten, die alle korrekt sind. Viel ist dem Experimentator allerdings nicht eingefallen. Vergleichen Sie die Serie mit der Abbildung unten:

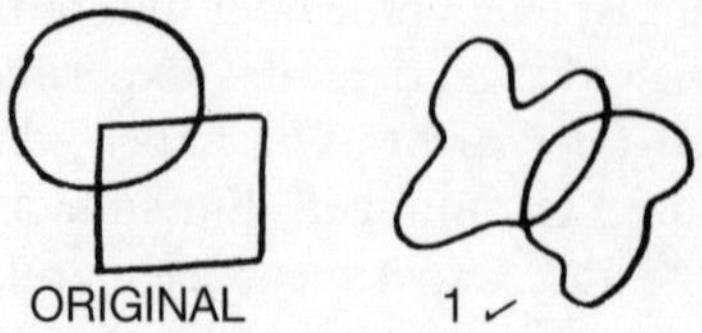

Mit diesem einen Experiment ist diese Versuchsperson weiter gegangen als die erste. Die formlose Figur, die ebenfalls als korrekt bewertet wurde, zeigt, dass eine bestimmte Form gar nicht notwendig ist. Das ist ein „Sprung nach vorne“. Die Hypothese ist kühn. Sie schließt sogleich eine Vielzahl von Möglichkeiten aus, die wir andernfalls der Reihe nach hätten prüfen müssen.

Experimente wollen ebenso sorgfältig erwogen sein wie Fragen. Wie können wir aus einem Experiment möglichst viel herausholen – möglichst viel Gewissheit oder möglichst viele Informationen?

Auch negative Informationen sind wichtig, manchmal sogar wichtiger als positive, weil sie zahlreiche Möglichkeiten ausschließen.

Informationen auswählen

Die Probleme in Mathematikbüchern liefern alle Informationen, die benötigt werden. Der Schüler ist aufgefordert, sie zu nutzen. Leider ist das Leben nicht so großzügig, denn es stellt uns nicht immer die Informationen zur Verfügung, die wir brauchen. In meinem Buch *In fünfzehn Tagen denken lernen* habe ich ein Problem vorgestellt, bei dem es um den Bau einer Brücke aus Messern geht. Sie soll ein Wasserglas zwischen einigen Flaschen tragen. Vier Messer sind vorhanden – aber man kann das Problem mit drei Messern lösen. Ich erhielt eine Menge wütender Briefe, die mir Täuschung vorwarfen, weil ich geschrieben hatte, man dürfe vier Messer verwenden!

Die Auswahl der relevanten Informationen ist ein wichtiger Teil des Denkens, vor allem wenn die Beschaffung von Informationen Zeit, Geld und Mühe kostet.

FE-FA

Auch das ist ein CoRT-Werkzeug. Die Abkürzung steht für inFormations-Eingang und inFormations-Ausgang (engl. FI-FO = *inFormation-In and inFormation-Out*). Es handelt sich um einen bewussten Überblick über das, was bereits vorhanden ist, und über das, was wir noch brauchen.

Zunächst prüfen wir die vorhandene Information aufmerksam. Dann entnehmen wir ihr alle Implikationen und logischen Schlussfolgerungen. Das ist der FE-Teil.

Dann suchen wir nach den Lücken in der Information. Es ist nicht leicht, diese Lücken zu finden, weil sie nicht auf Schlussfolgerungen beruhen. Wir müssen uns vorstellen, welche Informationen wir brauchen; erst dann merken wir, dass sie fehlen. Diese Lücken werden sorgfältig definiert und notiert. Wir müssen den fehlenden Informationen ebenso viel Aufmerksamkeit widmen wie den vorhandenen.

Untersuchen Sie die folgenden Situationen mithilfe des FE-FA-Prinzips. Notieren Sie, welche Informationen in der Regel zur Verfügung stehen und welche in der Regel fehlen.

1. Sie suchen einen neuen Urlaubsort.
2. Sie brauchen ein Darlehen, um ein Haus zu kaufen.
3. Sie wollen ein Brettspiel kaufen.
4. Sie wollen eine Party veranstalten.
5. Sie überlegen, ob Sie an einem Sprachkurs teilnehmen sollen.
6. Sie wollen ein Zelt mit jemandem teilen.

Zwei Anwendungen

Wir brauchen Informationen und wir müssen denken. Informationen können das Denken nicht ersetzen, und das Denken kann die Information nicht ersetzen. Wenn es um Informationen geht, gibt es zwei Anwendungsmöglichkeiten für das Denken. Die erste zielt auf die Informationen selbst ab: Wir wollen Informationen beschaffen oder aus bereits vorhandenen Informationen das Beste machen oder Informationen überprüfen. Die zweite besteht darin, dass wir die Informationen nutzen, um zu entscheiden, zu handeln, auszuwählen, zu planen, zu entwerfen oder Spaß zu haben.

7
Andere Menschen

Denken hat meist nichts mit Rätseln und Spielen zu tun, sondern mit anderen Menschen. Leider hat die westliche Kultur eine Art des Denkens entwickelt, die immer noch sehr stark gefördert wird, obwohl sie verschwenderisch und ineffizient ist – und zunehmend gefährlicher. Unsere Philosophie und unsere Praxis sind besessen vom „Konfrontationssystem“, in dem zwei gegensätzliche Meinungen gegeneinander kämpfen. Es schließt Streit, Debatten, Gegnerschaft und Dialektik ein. Diese Methode durchdringt die Politik, das Rechtswesen, geschäftliche Entscheidungen und den Alltag. Wir glauben wirklich daran, dass beim Aufeinanderprallen gegensätzlicher Meinungen die bessere gewinnt. Das ist inzwischen sogar unsere einzige Methode, Veränderungen herbeizuführen.

Das Konfrontationssystem hat viele Nachteile. Wenn eine Seite angreift und die andere sich verteidigt, werden beide immer starrer und unfähig, sich weiterzuentwickeln. Das deutet die Abbildung unten an. Die Notwendigkeit anzugreifen und abzuwehren, verhindert effektiveres Denken. Vielleicht sind Politiker als Gruppe deshalb weniger am Denken und an neuen Ideen interessiert als jede andere Gruppe (selbst kirchliche).

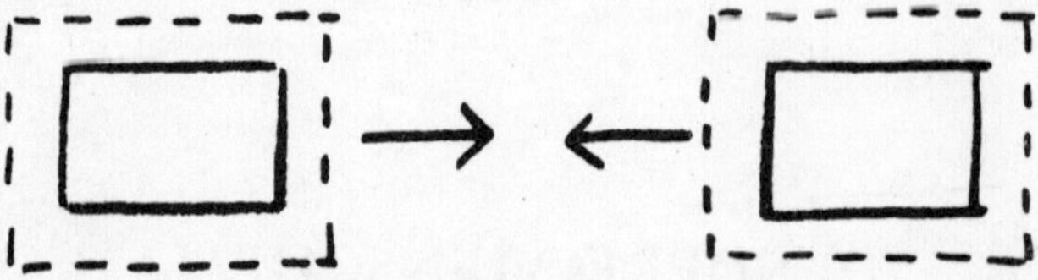

Beim Konfrontationssystem setzt sich irgendwann eine Auffassung durch, etwa wenn wir ein Parlament wählen. Die andere Gruppe ist verbittert und enttäuscht und nicht bereit, das neue System zu unterstützen. Da die Verlierer bei manchen Wahlverfahren zahlreicher sein können als die Gewinner, hat die Verbitterung erhebliche Folgen, wie die zweite Abbildung zeigt.

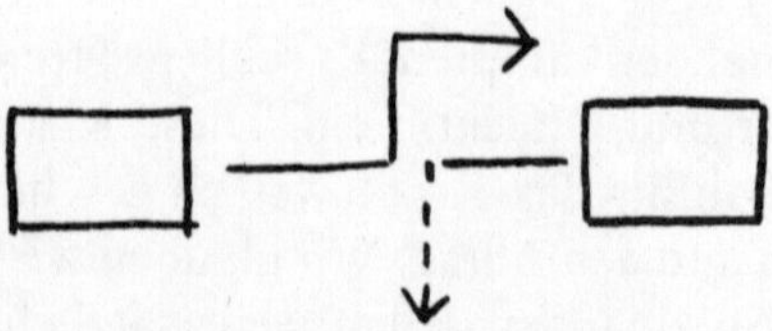

Auf den meisten Gebieten besteht der Nachteil des Konfrontationssystems darin, dass wir zuerst die vorhandene Idee angreifen müssen, bevor wir überhaupt an einen Wandel denken können. Aber wir müssen die Idee nicht nur attackieren, sondern auch nachweisen, dass sie unzulänglich ist. Das ist der größte Unsinn, den man sich vorstellen kann. Eine Idee kann zu ihrer Zeit gut gewesen sein, und vielleicht ist sie es immer noch. Aber das schließt nicht aus, dass es eine viel bessere Idee gibt. Es kann sein, dass wir die Schwäche der vorhandenen Idee nie beweisen können (erst recht nicht, wenn wir innerhalb des Bezugsrahmens operieren, der die Idee geschaffen hat). Dann sind wir nie in der Lage, etwas Neues zu erproben. Ein weiterer enormer Nachteil dieser Methode besteht darin, dass wir die vorhandene Idee möglicherweise zerstören müssen, damit wir nach einer besseren suchen können. Aber wenn wir keine bessere finden, ist der Rückweg versperrt. Das ist eine der großen Gefahren der Konfrontationspolitik, bei der jede Seite so viel Zeit opfert, um die andere anzugreifen, dass beide ihre Glaubwürdigkeit verlieren. Bei einem Streit dieser Art gibt es keine Gewinner. Im japanischen System muss man nicht auf die Sicherheit der vorhandenen Muster verzichten, ehe man neue Wege erkundet. Dadurch spart man nicht nur Zeit und lenkt seine Energie in bessere Kanäle, sondern kann sich auf die vorhandene Idee verlassen, solange keine bessere gefunden wird.

Es ist offensichtlich, wie diese seltsame westliche Gewohnheit entstanden ist. Im Mittelalter lag das Denken und Lernen in den Händen der Kirche – so wie die Kultur. Alle anderen waren damit beschäftigt, zu töten oder getötet zu werden. Die Kirche unterhielt Schulen und Universitäten und stellte Denker zur Verfügung, deren Hauptaufgabe – durchaus *korrekt* – darin bestand, die vorhandene Theologie zu stützen, weil die Theologie damals sehr ernst genommen wurde. Man musste also die vielen Ketzereien angreifen und vernichten, die immer wieder entstanden. Das war harte Arbeit, da viele Häretiker ebenfalls hochintelligente Persönlichkeiten waren. Darum schulte man die Fähigkeit zu streiten und destruktiv zu kritisieren. Das alles war völlig in Ordnung und eine sinnvolle Anwendung des Denkens. Wenn man beweisen konnte, dass die Häresie falsch war, blieb die herrschende Theologie unversehrt. Da Theologie sich in

Worten ausdrückt, war der Streit ein sprachlicher Streit, und es entwickelte sich eine Art des Denkens, die nur bei einem Streit dieser Art anwendbar ist: die Scholastik. Das alles wurde durch die Entdeckung der griechischen Philosophie und des sokratischen Dialogs sehr gefördert.

So entstand das Konfrontationssystem. Da die Kirche die Schulen und Universitäten beherrschte, wurde aus diesem System das System des westlichen Denkens. Und da die Universitäten und Schulen Gelehrte nach ihrem Bilde hervorbringen, hat dieses System sich bis zum heutigen Tag behauptet. Kein Wunder, dass die *Times* neulich in einem Leitartikel schrieb, die Übung der kritischen Intelligenz sei das Ziel der Erziehung. Dass Kritik nur einen Wert hat, wenn wir konstruktiv denken, wird dabei vergessen.

Der Reiz des Konfrontationssystems liegt auf der Hand. Negative Kritik eröffnet dem Scheindenken große Chancen. Sie ist die Zuflucht des mittelmäßigen Geistes und leider auch des brillanten. Der Mittelmäßige, der zu nichts anderem imstande ist, findet Kritik einfach, weil sie eine der billigsten Denkmethoden ist. Man kann alles kritisieren, wenn man nur den Bezugsrahmen wechselt. Angenommen, ein Designer entwirft einen einfachen Stuhl, und Sie nennen diesen Stuhl „nackt" und „langweilig" wie einen „Gefängnisstuhl". Hätte der Designer einen kunstvolleren Stuhl geschaffen, hätten Sie einfach Ihren Erwartungsrahmen gewechselt und ihn als „verspielt", „protzig" und „zu üppig" (oder gar „vulgär") bezeichnet.

Als ich im *The Times Educational Supplement* vor vielen Jahren zum ersten Mal vorschlug, in Schulen das Denken zu lehren, erhob sich ein Proteststurm. Man behauptete, das sei unmöglich. Und als ich ein Jahr später berichtete, dass es tatsächlich gemacht werde, war das

Interesse sehr gering. Es ist noch nicht lange her, dass ein Professor meinte, CoRT funktioniere nicht. Er ignorierte die Tatsache, dass es in Tausenden von Schulen seit Jahren funktioniert, sogar in seiner Nähe.

Negative Kritik ist für den durchschnittlichen Geist eben ein einfaches Betätigungsfeld. Leider verführt sie auch brillante Leute, wie ich im Zusammenhang mit der „Intelligenzfalle" bereits erwähnt habe. Das liegt daran, dass negative Kritik uns ein Gefühl des Erfolges und der Überlegenheit vermittelt. Es ist eine Tragödie, dass so viele hochintelligente Menschen in der westlichen Kultur in dieser unkonstruktiven Denkweise gefangen sind. Schließlich sind wir nicht mit einer derartigen Fülle von kreativem Denken konfrontiert, dass wir kritische Denker brauchen, um ein Überschäumen zu verhindern. Im Gegenteil: Wir müssen uns sehr anstrengen, um das Planungsdenken, das konstruktive Denken und das kreative Denken zu fördern. Ich glaube nicht, dass unser traditionelles Bildungssystem das schafft.

Aber das ist nicht alles. Wenn wir andere widerlegen, behalten wir Recht. So war es zumindest in der mittelalterlichen Theologie. Heute ist es jedoch anders, weil die reale Welt keine konstruierte Theologie ist. Heutzutage kann es sein, dass beide Seiten einander widerlegen – und vielleicht haben tatsächlich beide Unrecht.

Am schlimmsten ist wohl, dass dieses negative Denken gute Ideen zerstört. Eine Idee kann zu 90 % richtig und zu 10 % falsch (oder unzureichend) sein. Was also tun unsere großen Denker? Versuchen sie, die 10 % richtig zu stellen? Nein, sie attackieren die ganze Idee, weisen nach, dass sie unzulänglich ist, und behaupten, wer auf eine solche Idee komme, sei ein Dummkopf. Damit implizieren sie, dass die korrekten 90 % ebenfalls von einem Idioten stammen.

Wir brauchen nicht lange nachzudenken, um zu begreifen, wie töricht, aber auch wie verführerisch das Konfrontationssystem ist. Es hat seinen Platz in unserer Denkkultur; aber es ist absurd, dass es sie beherrscht.

Gewiss, wenn ich dieses System angreife, mache ich mich selbst des negativen Denkens schuldig. Vielleicht ist es notwendig, eine falsche Einstellung mit ihren eigenen Waffen anzugreifen (dazu gehört auch der Angriff selbst).

„Exlektik“

Kommen wir nun zum konstruktiven Teil. Wenn Konfrontation und Dialektik verschwenderisch und gefährlich sind, was bleibt uns dann noch? Die „Exlektik“. Sie hat etwas mit dem Lesen einer Landkarte und mit kreativem Design zu tun. Sie ist nicht destruktiv, sondern konstruktiv. Die Exlektik versucht, aus einer Situation das Wertvolle „herauszuholen“, einerlei, auf welcher Seite es sich befindet.

Das ist viel mehr als Kompromiss oder Konsens. Kompromisse sind ein Teil des Konfrontationssystems: Beide Seiten geben etwas auf, um etwas zu gewinnen. Ein Konsens bedeutet, dass wir uns auf den Teil eines Vorschlags beschränken, mit dem alle einverstanden sind: auf den kleinsten gemeinsamen Nenner. Das ist eine passive Methode. Die Exlektik gleicht eher der „osmotischen“ Methode der Japaner, bei der es überhaupt keine gegensätzlichen Ideen gibt. Man hört einander zu und forscht gemeinsam. Ideen kommen erst später. Erst nach vielen Begegnungen beginnen sich Meinungen zu bilden, während wir im Westen unsere Meinungen schon zur ersten Begegnung mitbringen.

Bei der Exlektik geht es nicht um „Auffassungen", sondern um das Terrain. Das spiegelt den Unterschied zwischen der Intelligenzfalle und dem PMI exakt wider.

Die Exlektik strebt nach „Vorwärtsplanung", nicht nach Werturteilen in jeder Phase. Wir akzeptieren Möglichkeiten und stellen sie nebeneinander; dann versuchen wir, nach vorne zu planen (siehe auch mein Buch *Parallel Thinking*).

CoRT-Werkzeuge, die bei der Exlektik benutzt werden, eignen sich zum Forschen und Planen.

EBS

Wer streitet, bemüht sich, im Standpunkt des Gegners eine Schwäche zu entdecken. EBS steht für „Erforsche beide Seiten" (engl. *examine both sides*). Wie sieht der andere Standpunkt wirklich aus? Vielleicht ist er mehr als das, was als Argument vorgetragen wird. Wir erkunden also das „Terrain" dahinter. Diese Erkundung ist neutral. Wir können zum Beispiel einen Schüler auffordern, einen Standpunkt zu vertreten, und ihn im letzten Augenblick den anderen Standpunkt verteidigen lassen – nicht um seine Diskussionsfähigkeit zu schulen, sondern um eine echte Prüfung beider Standpunkte zu erreichen. Wir können Schüler ermuntern, beide Seiten so zu erforschen, dass wir beim Lesen ihrer Aufsätze nicht merken, welchen Standpunkt sie bevorzugen. EBS schließt einen Standpunkt, ein Wertsystem und eine Vorliebe nicht aus – aber das kommt erst nach der Erkundung, nicht vorher.

EBS ist ebenfalls ein Werkzeug, das unsere Aufmerksamkeit bewusst lenkt, und es ist nicht so leicht anzuwenden, wie es scheint. Meist wird nur ein zaghafter und beiläufiger Versuch unternommen, die andere Auffassung zu erforschen – aus Furcht, eine zu genaue Prüfung werde den Eifer dämpfen, mit dem wir unsere eigene Meinung verteidigen.

EBS gleicht in gewissem Umfang der Erkundung des feindlichen Geländes im Krieg. Der entscheidende Unterschied ist, dass wir im Krieg nach günstigen Plätzen für Bombenangriffe suchen, während wir das Territorium beim EBS aus konstruktiven Motiven erforschen. Die Schwäche dieses Werkzeugs besteht darin, dass es nicht leicht ist, diese Einstellung durchzuhalten. Die Neutralität und Objektivität der Erkundung sind äußerst wichtig. Wir müssen ebenso objektiv sein wie ein hingebungsvoller Kartograph.

Untersuchen Sie zur Übung beide Seiten folgender Behauptungen:

1. Man sollte das Rauchen an allen öffentlichen Plätzen verbieten.
2. Alle jungen Menschen sollten ein soziales Pflichtjahr ableisten.
3. Die Einkommenssteuer sollte erhöht werden.
4. Katzen und Hunde sollten hoch besteuert werden.
5. Die Schulpflicht sollte bis zum Alter von 18 Jahren bestehen.
6. Hausfrauen sollten ein Gehalt bekommen.

EUI

EBS führt uns fast direkt zum EUI, das für Einigkeit, Uneinigkeit und Irrelevanz steht (engl. ADI = *agreement, disagreement and irrelevance*). Die beiden „Karten“ werden verglichen (bei der Erkundung beider Seiten), die Übereinstimmungen vermerkt. Dann notiert man die

Bereiche, über die Einigkeit besteht, die Bereiche, über die man sich uneinig ist, und schließlich die Punkte, die irrelevant sind. Oft stellt sich heraus, dass die neutrale Erkundung ziemlich kleine Felder der Uneinigkeit zutage fördert, obwohl diese während einer Diskussion viel größer aussahen, weil keine Partei nachgeben wollte – aus Furcht, die Gegenseite werde das ausnutzen. Am Ende eines effektiven EUI sollten beide Parteien in der Lage sein, das Gebiet der Uneinigkeit klar zu benennen: „Über diesen Punkt sind wir uns wirklich uneinig." Da es meist eine ganze Menge Einigkeit gibt, kann man versuchen, die Uneinigkeit zu umgehen. Auf jeden Fall wird die Verhandlungsbasis breiter.

Wenn wir das Gebiet der Uneinigkeit isolieren, können wir es außerdem weiter erforschen, um herauszufinden, wie grundsätzlich die Uneinigkeit ist. Einerlei, was dabei herauskommt, es ist leichter, auf dieser Basis Fortschritte zu machen als in einer offenen Konfrontation. Selbst wenn die Uneinigkeit auf Prinzipien oder Werten basiert, finden wir auf diese Weise leichter einen Ausweg, der beide Seiten zufrieden stellt. Wenn wir uns beispielsweise darüber einig sind, dass ein Wandel unumgänglich ist, besteht vielleicht nur noch Uneinigkeit über das Tempo, die Methoden oder die Stadien.

Jede Partei kann EUI für sich allein nutzen; aber es eignet sich auch für eine kooperative Besprechung. Letztere ist zwar vorteilhafter; aber es kommt auch auf die Stimmung der Beteiligten an. Wenn eine Konfrontation in der Luft liegt, kann es besser sein, wenn jede Partei das EUI allein anwendet. Selbst wenn die andere Partei dazu nicht bereit ist, können Sie ein EUI durchführen und die Ergebnisse dann der Gegenseite präsentieren.

Eine Fünfzehnjährige will rauchen. Sie hat einen Streit mit ihrem Vater. Ein EUI führt zu diesem Ergebnis:

Einigkeit

- Der Vater, aber auch die Tochter haben ein Recht auf die eigene Meinung.
- Rauchen schadet der Gesundheit jetzt und später.
- Viele Mädchen in diesem Alter rauchen.
- Der Vater hat das Recht, das Rauchen in seinem Haus zu verbieten.
- Rauchen ist teuer.
- In drei Jahren darf die Tochter selbst entscheiden.

Uneinigkeit

- Hat der Vater das Recht, für seine Tochter zu entscheiden, nur weil sie in seinem Haus wohnt?
- Sind ein paar Zigaretten am Tag bereits schädlich?
- Geht es wirklich um das Rauchen, oder will das Mädchen unabhängig sein?
- Wird die Tochter nie rauchen, wenn es ihr jetzt verboten wird?

Irrelevant

- Susis Vater lässt seine Tochter rauchen.
- Der Vater hat bereits andere Dinge verboten.
- Der Vater raucht selbst.
- Raucher schaden anderen nicht.
- Das Mädchen könnte aufsässig werden.
- Die Tochter würde ohnehin heimlich rauchen.

Untersuchen Sie folgende Situationen mithilfe des EUI:

1. Ein Nachbar spielt spät abends zu laute Musik.
2. Die Mitarbeiter verlangen eine Lohnerhöhung, aber die Betriebsleitung sagt, dann müsse sie die Preise zu stark erhöhen.

3. In einer schönen Landschaft soll eine neue Straße gebaut werden.
4. Eine Siebzehnjährige will selbst entscheiden, wann sie abends nach Hause kommt.
5. Ein Produzent will viele Gewaltszenen in einen Film packen.
6. Die Geldbuße für falsches Parken soll verdoppelt werden.

„Logische Blasen“

Wenn jemand nicht mit Ihnen übereinstimmt oder nicht tut, was Sie für richtig halten, finden Sie ihn vielleicht dumm oder stur. Aber es gibt eine Alternative: Er ist intelligent und handelt innerhalb seiner logischen Blase intelligent. Zufällig ist seine logische Blase anders als Ihre. Wie die folgende Abbildung zeigt, ist die logische Blase eine Blase der Wahrnehmung, innerhalb derer ein Mensch handelt. Diese Blase enthält die Wahrnehmung der Umstände, der Struktur, des Kontexts und der Beziehungen.

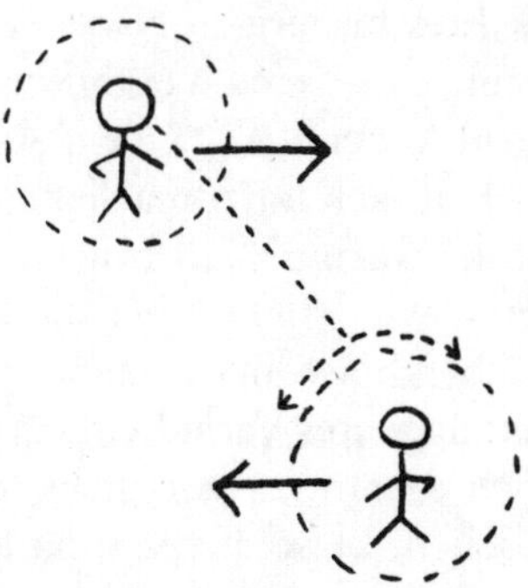

Zu oft versetzen wir intelligente Menschen in bestimmte Situationen und beklagen uns dann, wenn sie intelligent handeln. Nehmen wir Innovationen in einer Bürokratie als Beispiel. Jemand probiert etwas Neues aus, aber er hat damit kein Glück. Sein Scheitern bleibt bis zum Ende seiner Laufbahn an ihm hängen. Er kann es nicht durch Erfolge wettmachen wie in der Wirtschaft. Wenn die neue Idee gut ist, kritisiert man ihn, weil er nicht früher darauf gekommen ist. Außerdem riskiert er, dass man ihn für einen „Theoretiker“ hält und behauptet, diese eine Idee sei zwar brauchbar gewesen, andere Ideen aber nicht. Und wenn ein Abteilungsleiter ernannt wird, bevorzugen die Vorgesetzten einen „Praktiker“. Aus diesen Gründen sind Innovationen kein intelligentes Verhalten – intelligent ist, wer überlebt. Wir sollten also niemandem einen Vorwurf machen, wenn er innerhalb seiner logischen Blase handelt.

In einer Firma gab es eine Menge wilder Streiks. Sobald jemand einen Streik vorschlägt, wollen die Arbeiter ihre Kollegen nicht im Stich lassen – also wird gestreikt. Eines Tages beschließt die Betriebsleitung, für jede Woche, in der nicht gestreikt wird, einen kleinen Zusatzlohn zu zahlen. Daraufhin gehen die Streiktage auf ein Sechstel ihres bisherigen Niveaus zurück. Ist das Bestechung? Nein, es ist eine Veränderung in der logischen Blase in dem Augenblick, wo ein Streik vorgeschlagen wird. Anstatt einfach mitzumachen, hat ein Arbeiter jetzt einen Grund „Warum?“ zu fragen. Vielleicht ist er ebenso streikbereit wie früher; aber die kleine Veränderung in der logischen Blase im Moment der Entscheidung verändert sein intelligentes Verhalten.

Wahrscheinlich stimmt es gar nicht, dass alle innerhalb ihrer logischen Blase logisch handeln. Aber als praktische Betrachtungsweise bewirkt diese Methode, dass wir unsere Aufmerksamkeit nicht auf die Dummheit eines Menschen richten (die schwer zu ändern ist), sondern auf die Umstände (die leichter zu ändern sind), in denen das Verhalten logisch ist.

Die logische Blase schließt sowohl die tatsächlichen Umstände als auch die „Wahrnehmung“ der Situation ein. Eine Belohnung für ein bestimmtes Verhalten kann zum Beispiel als Bestechung aufgefasst werden.

Einem Unternehmen, das von mir wissen wollte, wie seine Manager chancenbewusster werden konnten, schlug ich vor, einen Fonds einzurichten, aus dem die Führungskräfte günstige Gelegenheiten finanzieren durften – anstatt ihr Budget umzuschichten. Ein Manager sagte, er wolle es nicht riskieren, den Risikofonds zu nutzen, weil er wisse, dass man ihn danach beurteilen werde. Mit anderen Worten: Seine logische Blase berücksichtigte die Risikoscheu der Firma und machte damit den Sinn des Fonds zunichte. Er räumte allerdings ein, die Existenz des Fonds ermögliche es ihm, neue Chancen zu erkunden, jedoch innerhalb seines eigenen Budgets.

Es ist in jeder Situation nützlich, die logischen Blasen aller Beteiligten zu kennen, vor allem wenn es um die Motivation geht. Die Betriebsleitung betrachtet die Motivation immer als äußerst wichtig; aber sie hängt von der logischen Blase jener ab, die motiviert werden sollen, nicht von der logischen Blase des Managements. Das Gleiche gilt für Veränderungen. Wer sie vorschlägt, ist von ihrem Wert überzeugt; doch die Leute, die eine Idee umsetzen sollen, haben ihre eigenen logischen Blasen, und für sie bedeuten Veränderungen meist Risiken, Scherereien und Statuswechsel.

Beschreiben Sie zur Übung die logischen Blasen der an folgenden Situationen beteiligten Personen:

1. Ein Marineoffizier meint, sein Vorgesetzter habe ihm einen falschen Befehl gegeben, und befürchtet eine Kollision.
2. Eine Journalistin, die Klatschspalten schreibt, stößt auf eine tolle Story, deren Heldin eine ihrer Freundinnen ist.
3. Alfred Russel Wallace veröffentlicht genau die Evolutionstheorie, an der Darwin seit Jahren arbeitet.

ALM

ALM ist ein weiteres Werkzeug des CoRT. Es überschneidet sich mit EBS und mit der logischen Blase, aber es ist ein einfacheres und bequemeres Werkzeug, um die Aufmerksamkeit auf die Leute zu lenken, die an einer Situation beteiligt sind. ALM steht für „Anderer Leute Meinung“ (engl. OPV = *other people's views*). Das Werkzeug hilft uns, in die Schuhe anderer zu schlüpfen und die Welt mit ihren Augen zu sehen.

Diese Übung hat zwei Teile. Zuerst identifizieren wir uns mit den Leuten, die wirklich mit einer Situation zu tun haben. Dann schlüpfen wir in die Schuhe dieser Leute. Angenommen, Grundnahrungsmittel werden plötzlich teurer. Der erste Teil des ALM besteht darin, dass wir uns mit den Beteiligten identifizieren: mit Bauern, Großhändlern, Einzelhändlern, Verarbeitern, Käufern, Hausfrauen, Menschen im Allgemeinen, Wirtschaftswissenschaftlern, der Regierung usw. Dann versuchen wir, wie sie zu denken. Der Einzelhändler freut sich beispielsweise, denn er bekommt mehr Geld, sofern sein Einkaufspreis gleich bleibt. Aber wenn seine Kunden weniger kaufen oder zu anderen Produkten wechseln, verdient er weniger. Die verarbeitende Industrie leidet möglicherweise, weil ihre Einkaufspreise steigen. Sie kann aber auch profitieren, wenn die Verbraucher weniger frische Ware und mehr billige verarbeitete Produkte kaufen.

Eine Spielzeugfirma in einer Stadt auf dem Land kann nur mit der Importware mithalten, wenn sie die Preise für ihre Produkte so niedrig wie möglich hält. Aber die Lebenshaltungskosten steigen, und die Arbeiter verlangen höhere Löhne – so hoch wie die Löhne ihrer Kollegen in anderen Branchen. Die Gewerkschaft unterstützt ihre Forderung. Ein ALM könnte so aussehen:

Unternehmer
- Wenn die Firma Verluste macht, muss sie geschlossen werden.
- Das Management muss produktiver werden und neue Produkte entwickeln.
- Mit Immobilien oder Festverzinslichen ließe sich mehr verdienen.

Manager
- Wenn der Betrieb schließt, verlieren sie ihre Arbeit.
- Der Unternehmer verlangt zwar neue Produkte, aber das ist leichter gesagt als getan. Und was ist, wenn diese Produkte ebenfalls mit Billigimporten konkurrieren müssen?
- Der Unternehmer fordert höhere Produktivität. Aber auch das ist nicht so einfach. Außerdem hat schon der letzte Produktivitätsschub die meisten Möglichkeiten ausgeschöpft.
- Die Arbeiter müssen sich mit der Realität abfinden: Entweder bleibt die Firma im Geschäft, oder sie macht zu.

Arbeiter

- Sie brauchen Geld zum Leben wie alle anderen. Die Lebenshaltungskosten sind gestiegen. Eine Lohnerhöhung ist notwendig.
- Die Gewinnspanne sollte verringert werden.
- Das Management soll die Produkte besser vermarkten und für ein besseres Design sorgen.
- Die Regierung soll Produkte aus Billiglohnländern besteuern.

Gewerkschafter

- Sie wurden gewählt, damit sie die Arbeiter vertreten, und sie müssen dafür sorgen, dass ihre Mitglieder faire Löhne bekommen.
- Wenn sie zulassen, dass diese eine Firma keine angemessenen Löhne zahlt, gerät das Lohngefüge im ganzen Land in Gefahr.
- Der Unternehmer trägt eine soziale Verantwortung, weil seine Arbeiter ihm geholfen haben, die Firma aufzubauen.
- Das Management soll mehr leisten.
- Der Betrieb kann einen Kredit aufnehmen, um die schwierige Zeit zu überbrücken.

Familien

- Wir brauchen mehr Geld, um über die Runden zu kommen.
- Müssen wir wirklich zwischen höheren Löhnen und Arbeitslosigkeit entscheiden?
- Ist es Zeit, eine neue Stelle zu suchen?
- Wird die Zukunft besser oder schlechter?
- Warum strengt die Gewerkschaft sich nicht mehr an?
- Für gute Arbeit können wir einen fairen Lohn verlangen.

- Will der Chef uns nur drohen, oder ist die Firma wirklich gefährdet?
- Warum unternimmt die Regierung nichts gegen Billigimporte?

Dieses ALM könnten wir noch auf die Regierung (und den Protektionismus), die Käufer, andere Spielzeughersteller, Importeure, Produzenten in der Dritten Welt und andere ausdehnen.

ALM bedeutet nicht, allen Beteiligten Argumente in den Mund zu legen, die wir selbst für vernünftig halten. Es bedeutet auch nicht, ihnen Klagen und unvernünftige Meinungen aufzudrängen, um ihren Standpunkt zu diskreditieren. Es bedeutet vielmehr, die Welt mit ihren Augen zu betrachten – und vielleicht hinzuzufügen, was man für ihre tatsächliche Ansicht hält. Mit anderen Worten: ALM ist ein Gemisch aus der „Position“ und der „tatsächlichen Meinung“, wie ein Reporter sie ermitteln könnte.

Im Gegensatz zum AMA (siehe Kapitel 3) geht es beim ALM nicht darum, allgemeine Alternativen zu finden, sondern es geht vor allem um bestimmte Menschen in bestimmten Positionen und dann um einen Wechsel zu ihrem Standpunkt.

Prüfen Sie folgende Situationen mithilfe des ALM:

1. Ein Kind wird von der Schule gewiesen, weil es Mitschüler verprügelt hat.
2. Eine Frau beschuldigt ihren Arbeitgeber, er diskriminiere sie, weil sie eine Frau ist.
3. Ein Regierungsvertreter will eine vertrauliche Information zurückziehen, die er einem Journalisten gegeben hat.

4. Der Verkaufsleiter eines Staatsbetriebes erfährt, dass man in einem anderen Land nur mit Schmiergeldern Geschäfte machen kann.
5. Ein Jugendlicher will rauchen.
6. Ein Supermarkt wird am Rand einer Kleinstadt gebaut.

Konstruktives Design

Die in diesem Kapitel beschriebenen Methoden (EBS, EUI, „Logische Blasen", ALM) vermitteln uns einen breiteren und klareren Überblick über eine Situation – eine bessere Landkarte. Das kann an sich schon sehr nützlich sein. Wenn die Karte klarer und detaillierter ist, finden wir den Weg leichter.

Vielleicht zeigt die Karte aber, dass die andere Partei überhaupt nicht daran interessiert ist, einen Streit beizulegen, weil sie von ihm profitiert. In diesem Fall könnte der Ausweg darin bestehen, den Streit auf der rituellen oder kosmetischen Ebene fortzusetzen, die wahren Probleme jedoch konstruktiv zu lösen.

Wenn nötig, kann der „exlektische" Prozess das konstruktive Design eines Ergebnisses oder einer Vorgehensweise darstellen. Das ist in gewissem Sinne eine „Lösung". Aber in der Praxis müssen wir oft eine Möglichkeit finden, mit einer Situation zu leben.

Insofern unterscheidet sich das „konstruktive Design" nicht vom Design auf anderen Gebieten: Möbel, Flugzeuge, Fernsehspiele oder Mahlzeiten. Welche Zutaten brauchen wir? Was wollen wir erreichen? Welche Prioritäten setzen wir? Von welchen Wertvorstellungen gehen wir aus? Wie gehen wir im Einzelnen vor? Welche Grenzen sind zu beachten? Der Designprozess kann mehrere

Phasen durchlaufen. Mehrere verschiedene Ansätze können erforderlich sein, und vielleicht scheitern wir mehrere Male. Wie auf jedem anderen Gebiet gilt unser Design nur dann als gut, wenn es denjenigen gefällt, die es benutzen sollen.

Verhandlungen

Genau genommen ist eine Verhandlung eine Sonderform des konstruktiven Designs. Wenn Druck ausgeübt und gefeilscht wird, kann sie aber auch ein Teil des Konfrontationssystems sein.

Wahres Verhandeln verlangt, dass wir die in diesem Kapitel beschriebenen Terrains genau erkunden und dann zum konstruktiven Design übergehen.

Ein wichtiger Bestandteil des Verhandelns ist der „variable Wert“.

In Wellington in Neuseeland steht eines der führenden Hotels auf einem Grundstück, das für ein paar tausend Dollar gekauft wurde. Der wahre Wert eines solchen Grundstücks liegt bei einigen hunderttausend oder gar Millionen Dollar. Hier spielt der variable Wert eine Rolle: Das Hotel wurde über einem städtischen Parkplatz errichtet. Die Eigentümer erwarben die „Luftrechte“ oberhalb des Parkplatzes. Der Wert dieser Luftrechte für den Parkplatz war sehr gering, und die Hotelgäste zahlen zudem Parkgebühren. Für die Hoteliers waren die Luftrechte dagegen viel wert. Das ist ein klassisches Beispiel für einen variablen Wert. Am Ende der Modesaison haben Kleider in einer eleganten Boutique keinen Verkaufswert mehr, weil die Boutique es nicht wagen würde, die Mode der vergangenen Saison anzubieten. Aber in einem anderen Geschäft in einem anderen Landesteil, wo die Mode sich langsamer durchsetzt, hätten dieselben Kleider durchaus noch einen Wert. Mdina-Glas, das in Malta hergestellt wird, ist besonders schön. Laborglas muss sehr rein sein, damit es die in Experimenten verwendeten Substanzen nicht kontaminiert. Zwei unternehmungslustige Leute kauften zerbrochenes Laborglas in England (oder sie wurden sogar für die Entsorgung bezahlt) und schmolzen daraus Mdina-Glas.

Diese Beispiele für variable Werte zeigen, dass ein Wert sehr unterschiedlich sein kann, je nachdem, welche Menschen und Situationen betroffen sind. Darum ist der variable Wert in einer Verhandlung so wichtig. Was eine Partei unbedingt haben will, kostet die andere vielleicht wenig. Man kann also mit Werten handeln und sie austauschen. Wir nehmen ein gewisses Risiko in Kauf, um auf einer Straße mit einer vernünftigen Geschwindigkeit fahren zu können. Um das eine zu erreichen, müssen wir das andere akzeptieren. Und wenn wir beim Verhandeln etwas erreichen wollen, müssen wir etwas anderes hinnehmen.

Das alles klappt viel besser, wenn wir das Terrain gründlich erkunden und dem konstruktiven Design verpflichtet sind. Werte – vor allem das, was für die Parteien einen Wert darstellt – sind die wichtigsten Bestandteile des Designs.

Kommunikation

Sinnvolle Kommunikation muss immer in der Sprache des Empfängers erfolgen. Darum sind juristische Schriftstücke so schwer verständlich. Benutzen Sie die in diesem Kapitel vorgestellten Methoden nicht nur, um das Terrain

(Position, Geschichte, Stimmung, Werte) zu erkunden, sondern auch die verfügbaren Ideen.

Der Empfänger hat das Recht zu bestimmen, welche Sprache verwendet wird. Das ist das genaue Gegenteil der Rundfunks, wo wir den Sender einstellen müssen, den wir hören wollen.

Die logische Blase des Zuhörers umfasst auch die Ideen und Wahrnehmungen, die ihm zur Verfügung stehen. Kommunikatoren machen einen schlimmen Fehler, wenn sie annehmen, dass nur noch plumpe Gefühle übrig bleiben, wenn kein ausgefeiltes Ideenrepertoire (wie sie es haben) vorhanden ist. Einfache Ideen, zum Beispiel die Ideen von Kindern, können sehr kompliziert und subtil sein. Eine einfache Idee kann sogar subtiler als eine komplizierte sein. Komplexe Ideen werden oft in Teile zerlegt, während einfache Ideen viel in sich aufnehmen müssen. Vergleichen Sie beispielsweise die Vorstellung eines Kindes von Ursache und Wirkung mit der Vorstellung eines Wissenschaftlers, die sehr viel einfacher ist (statistische Wahrscheinlichkeit einer Korrelation im Laufe der Zeit). Erwachsene glauben immer, Kinder hätten einfache erwachsene Ideen. Aber Kinder haben komplizierte Kinder-Ideen.

8
GEFÜHLE UND WERTE

Viel zu viele Menschen halten Denken für unwichtig, weil letztlich doch Gefühle unsere Entscheidungen und Handlungen bestimmen, so dass Denken wenig zu bewirken scheint. Das ist zum Teil wahr. Letztlich ist jedes Denken mit Gefühlen verbunden – und so soll es auch sein. Das Denken hat den Zweck, die Welt so zu ordnen, dass unsere Gefühle und Werte effektive und annehmbare Konsequenzen haben. Es stimmt, dass logisches Denken unsere Gefühle kaum beeinflusst. Aber eine neue Wahrnehmung kann unsere Gefühle ändern. Wenn Sie eine Situation aus einem anderen Blickwinkel betrachten, dann ändern sich auch Ihre Gefühle.

Einen wichtigen Punkt müssen wir jedoch beachten: Reagieren wir zuerst emotional, und lassen wir unsere Wahrnehmung und unser Denken von Gefühlen beeinflussen, oder nutzen wir zuerst unsere Wahrnehmung und unser Denken und treffen nur die endgültige Entscheidung gefühlsmäßig?

Intuition und Denken

Manche Leute glauben, Denken sei Zeitverschwendung und nur die Intuition sei wichtig. Sie sind vom Denken desillusioniert. Durch Denken löst man Rätsel oder spielt intellektuelle Wortspiele, die zwar für Philosophen interessant, aber für die reale Welt nutzlos sind. Das Denken hat immer wieder Handlungen begründet und gerechtfertigt, die sich im Nachhinein als unmenschlich oder katastrophal herausgestellt haben. Das Denken ist offenbar wie die Mathematik ein Instrument für das Big Business und das Militär. Politikern dient es dazu, an der Macht zu bleiben anstatt die Gesellschaft zu verbessern. Intuition und menschliche Werte gelten als verlässlicher.

Diese Desillusionierung betrifft zu einem großen Teil das „intellektuelle" Denken, das scheinbar ein Fall für sich ist. Diese Art zu denken meine ich, wenn ich von der „Intelligenzfalle" spreche. Diese Denkweise rechtfertigt jeden Standpunkt und wird in endlosen Debatten und Streitereien benutzt, um Punkte zu sammeln. Dies ist die Denkweise bei philosophischen Wortklaubereien. Auch ich bin von dieser Art des Denkens desillusioniert. Es hat seinen Wert, aber nur als kleiner Teil des Denkens. Denken muss auf der einen Ebene vernünftig, robust und alltäglich und auf der anderen Ebene objektiv, effektiv und zielgerichtet sein.

Es ist nichts dagegen einzuwenden, wenn Intuition und Gefühle das endgültige Urteil fällen. Gefährlich ist es nur, wenn beide an erster Stelle kommen und das Denken ersetzen. Wer eine Intuition hat, hält sie immer für wahr und aufrichtig und glaubt, sie sei *per definitionem* gut für die Gesellschaft. Wir dürfen jedoch nicht vergessen, dass die Intuition im Laufe der Geschichte auch lächerliches und überaus unmenschliches Verhalten gerechtfertigt hat. Verfolgungen und Kriege und Lynchmorde waren die Folge gefühlsmäßiger Reaktionen. Zweifellos hat sich unsere Intuition zusammen mit der Zivilisation weiterentwickelt; aber ich halte es für gefährlich und unsicher, ihr das Denken zu überlassen. Gefühle können in Konflikten und Revolutionen Gewalt auslösen. Ein Teil unseres Gehirns ist eben ein Tier geblieben.

Ich bin also dafür, am Ende eines Denkprozesses Gefühle sprechen zu lassen. Aber sie dürfen das Denken nicht ersetzen. Außerdem würde ich gerne dem Humor einen höheren Stellenwert einräumen, weil unsere Gefühle oft so ernst sind.

Natürlich gibt es noch einen anderen Grund dafür, dass wir uns an die Intuition oder die Sterne wenden, anstatt zu denken. Die Welt ist derart kompliziert geworden, dass es uns unmöglich vorkommt, über sie nachzudenken. Wenn gelehrte Ökonomen sich so lange über die Inflation streiten, dass ein Beobachter den Eindruck haben muss, sie wüssten kaum etwas darüber, wie soll dann ein Wähler entscheiden, wem er seine Stimme gibt? Das ist ein ernsteres Problem als das erste, und darum müssen wir ihm künftig größere Aufmerksamkeit widmen, wenn wir im Rahmen der Ausbildung das Denken (auch das der Ökonomen) schulen.

Gefühle an drei Punkten

Die folgende Abbildung zeigt drei Möglichkeiten des Zusammenspiels zwischen Fühlen und Wahrnehmen. Ich verwende den Begriff „Wahrnehmen“ anstatt „Denken“, weil ich in diesem Buch den Standpunkt vertrete, dass

Wahrnehmen in den meisten praktischen Situationen gleich Denken ist.

In der ersten Situation sind die Gefühle von Anfang an vorhanden – sogar vor der Begegnung mit der Situation. Hier haben wir es mit blinder Wut oder Panik zu tun. Das kann auch in einem bestimmten Kontext vorkommen, bevor wir die Details einer Situation erfasst haben. Blinde Emotionen dieser Art können Aggression, Eifersucht oder Hass sein.

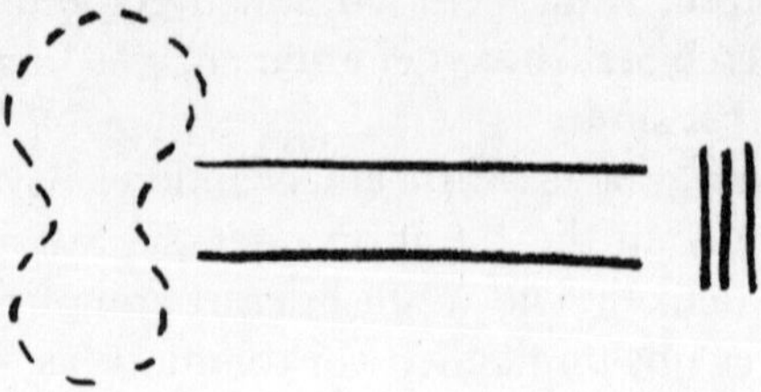

1

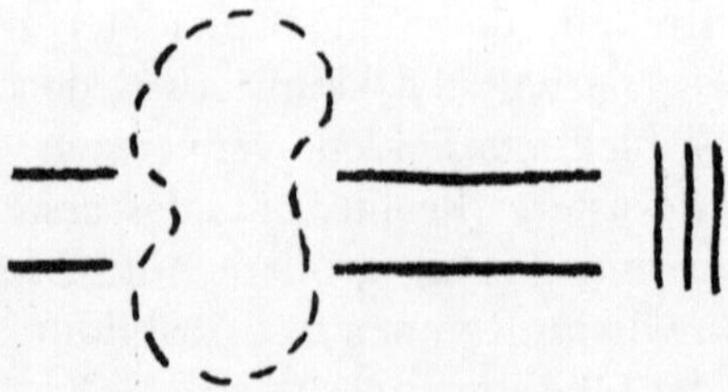

2

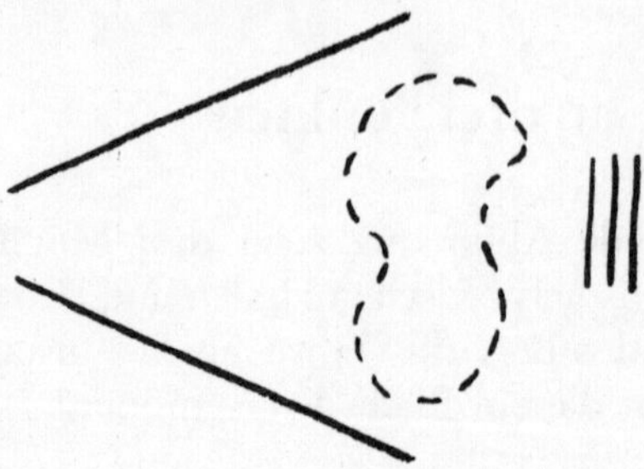

3

Die zweite Situation ist bei weitem die häufigste. Wir nehmen die Situation kurz wahr und erkennen ein Muster. Das Muster verändert unsere Gefühle. Von da an ist unsere Wahrnehmung verengt und wird von den Gefühlen kanalisiert. Wenn Sie anderen Leuten ein übel aussehendes Getränk anbieten, rümpfen die meisten von ihnen die Nase und lehnen ab. Eine Person, der die Augen verbunden sind, probiert das Getränk und erkennt es als Orangensaft. Die erste Wahrnehmung hat Gefühle ausgelöst, die dann das Handeln bestimmten.

Die dritte Situation ist das Ideal. Wir prüfen die Situation ruhig und aus einem breiten Blickwinkel, und erst zum Schluss geben die Gefühle den Ausschlag bei der Entscheidung. Dieses Modell befürworte ich in diesem Buch. Erkunden Sie zuerst das Terrain mit den beschriebenen Werkzeugen, und treffen Sie dann eine Entscheidung. Die Entscheidung kann das Überleben, eigene Bedürfnisse oder den Erfolg zum Ziel haben. Das alles ist mit Emotionen verbunden.

Vor einigen Jahren wollte ein Freund von mir einer Frau helfen, die von einem Motorradfahrer verletzt worden war und blutend am Straßenrand lag. Als er sich über die Frau beugte, hielt ein anderer Autofahrer an und schlug ihn bewusstlos – er glaubte, mein Freund habe die Frau überfallen. Das löste bei ihm Gefühle aus, die sein Handeln bestimmten.

Das ist ein sehr wichtiger Punkt. Selbst wenn wir glauben, gefühlsmäßig zu handeln, gibt es meist eine kurze Phase, in der wir die Situation interpretieren. Diese Phase müssen wir verlängern, damit wir besser denken können.

Gegen blinde Gefühle können wir viel weniger tun. Eifersucht ist eine höchst sonderbare Emotion, weil sie (im Gegensatz zu anderen Emotionen) offenbar keinen

Überlebenswert hat, es sei denn auf rein sexueller Grundlage. Wer auf einen anderen Menschen eifersüchtig ist, interpretiert dessen Handeln immer negativ. Als Emotion ist die Eifersucht interessanter als die meisten anderen – und sie könnte vom Denken profitieren.

Gefühle ändern

Kann die Wahrnehmung Gefühle ändern? Viele Leute halten das für unmöglich. Aber das Experiment mit dem Orangensaft beweist das Gegenteil. Stellen Sie sich einen Streit zwischen einem Mann und einer Frau vor. Die Frau bricht in Tränen aus. Der Mann hat das Gefühl, zu weit gegangen zu sein, und ist kompromissbereit. Da flüstert ihm jemand ins Ohr, die Frau wolle ihn mit ihren Tränen nur erpressen. Sofort ändert sich seine Wahrnehmung – seine Einstellung – und damit auch seine Gefühle. Eine Frau fühlt sich verpflichtet, ihre alten Eltern zu versorgen, und will daher nicht heiraten. Eine Freundin sagt, sie mache sich selbst zum Opfer – und sofort ändern sich ihre Einstellung und ihre Gefühle.

David Lane hielt im Hungerford Guidance Centre einen CoRT-Denkkurs ab. Er berichtete mir von Erfolgen bei gewalttätigen Jungendlichen. Vor dem Kurs reagierten die jungen Leute oft klischeehaft und aggressiv, wenn man sie aufforderte, über die Gesellschaft oder ihren Platz darin nachzudenken. Die Fragen lösten Emotionen aus, und die Reaktion folgte. Nach dem Kurs waren die Jugendlichen ein wenig stolz auf sich als „Denker". Jetzt hielten sie inne und dachten nach, ehe sie reagierten. Sie dachten objektiver und handelten überlegter. Edna und Bill Copley berichteten von ähnlichen Ergebnissen, als sie den CoRT-Kurs in einem Erziehungsheim abhielten.

Das Denken kann also die Gefühle ändern – vor allem der wahrnehmende Teil des Denkens, der es uns ermöglicht, eine Situation mit anderen Augen zu sehen. Die im zweiten Kapitel beschriebene PMI-Demonstration beweist, dass schon einfache Denkvorgänge die Gefühle von Kindern ändern können, sogar wenn es um „bezahlten Unterricht" geht.

In diesem Kapitel werde ich noch zeigen, dass bestimmte „wertbeladene" Wörter die Wahrnehmung und die Gefühle ändern können: Das Management macht den Mitarbeitern einen Vorschlag, um einen Streit zu schlichten. Die Belegschaft akzeptiert zunächst – aber dann behauptet jemand, es handle sich um Bestechung, und schon ändern sich die Gefühle.

Werte

Werte verbinden Ereignisse und unsere fundamentalen Gefühle. Sie verwandeln Ereignisse in Angelegenheiten, die Gefühle wecken. Werte sind die wichtigsten Komponenten der Zivilisation. Mithilfe von Werten wandelt die Kultur egoistisches, gieriges, aggressives, kurzfristig motiviertes Verhalten in soziale Kooperation um, die das Leben aller verbessert und sich um die Schwachen kümmert. Die erstaunliche Macht der Werte über normale menschliche Gefühle bezeugt das Christentum. Märtyrer litten Schmerzen und opferten ihr Leben zur Ehre Gottes. Das Leiden selbst war ein Wert. Feinde musste man lieben. Die Armen verdienten Mitgefühl. In all diesen Fällen gelang es einem Wertesystem, ein Gefühl in ein anderes zu verwandeln.

Ich-Werte: Ego, Status, Selbstwertgefühl, Erfolg, Überleben, Vergnügen, Lust usw.
Gruppen-Werte: von der Gruppe akzeptiert werden, zur Gruppe gehören, als Gruppenmitglied handeln, die Werte der Gruppe anerkennen, die Gruppe nicht im Stich lassen.
Ethische Werte: religiöse Werte, gesellschaftliche Bräuche, Gesetzestreue, Werte in der Erziehung, kulturelle Werte (diese gelten oft als absolut, sind aber in jeder Kultur verschieden).
Menschheits-Werte (relativ neu): Ökologie, Umwelt, Atomkraft, Sorge für die ganze Erde und die Menschheit, Menschenrechte, Grundrechte, die für jede Kultur gelten.

HW und NW

Es lohnt sich, Werte in „hohe Werte" (engl. HV = *high values*) und „Nebenwerte" (engl. LV = *low values*) einzuteilen. Das ist auch eine CoRT-Lektion. Hohe Werte bestimmen im Allgemeinen unser Handeln, während wir Nebenwerte nur berücksichtigen müssen. Stellen Sie sich eine Firma vor, die unter Kostendruck steht und Stellen streichen will. Ein Abteilungsleiter soll einen Assistenten entlassen, mit dem er seit fünfzehn Jahren zusammenarbeitet. Um welche Werte geht es hier?

HW: Möglicherweise wird der Abteilungsleiter selbst arbeitslos, wenn er nicht mitspielt, oder er wird nicht befördert. Die Firma könnte zusammenbrechen. Er will erfolgreich sein und anerkannt werden. Aber er will auch loyal zu seinem Assistenten sein.

NW: Es kostet Überwindung, den Assistenten zu entlassen. Welche Wirkung hätte das auf die Mitarbeiter? Was werden die Leute sagen? Er mag seinen Chef nicht. Wer übernimmt die Arbeit des Entlassenen, und was kostet das?

Das ist eine schwierige Übung. Im obigen Beispiel könnte die Loyalität gegenüber dem Assistenten auch ein Nebenwert sein, der zwar nicht unwichtig ist, aber am Arbeitsplatz von anderen Werten überlagert wird, weil es hier um „Effizienz" geht.

Diese Übung geht auf die Geschichte vom Apfelsortieren zurück. Ein französischer Bauer fährt morgens auf den Markt. Er trägt seinen beiden Söhnen auf, einen großen Haufen Äpfel in kleine und große Äpfel zu sortieren. Die beiden arbeiten den ganzen Tag und überlegen sorgfältig, in welche Kategorie jeder Apfel gehört. Der Bauer kommt zurück und vermischt die Äpfel wieder. Die Söhne sind wütend, weil sie ihre Zeit vergeudet haben. Aber der Bauer erklärt ihnen den wahren Zweck der Übung: Sie sollten sich jeden Apfel genau ansehen und die verdorbenen aussondern. Das hatten sie auch getan. Da sie zwischen großen und kleinen Äpfeln unterscheiden mussten, waren sie aufmerksamer, als wenn sie nur nach schlechten Äpfeln gesucht hätten. Auch bei der HW/NW-Übung geht es im Grunde darum, die mit einer Situation verbundenen Werte genau zu prüfen.

Ein Lehrer hat den Schülern verboten, während des Unterrichts Süßigkeiten zu essen. Ein Junge bemerkt, dass sein Nachbar nascht. Soll er ihn verpfeifen?

- Was soll der Junge tun, wenn er weiß, wer eine Fensterscheibe zerbrochen hat?

- Was soll er tun, wenn in letzter Zeit viel gestohlen wurde und er den Dieb kennt?
- Was tun Sie, wenn Sie in einem Polizeistaat leben und Ihr Nachbar einem von der Polizei gesuchten Dissidenten Unterschlupf gewährt?
- Was tun Sie, wenn im Land eine Hungersnot herrscht und Ihr Nachbar Lebensmittel hortet?
- Sollen Sie der Polizei Informationen über eine Terrorgruppe geben?
- Sollen Sie die Informationen geben, wenn Sie ein Mitglied der Terrorgruppe sind?
- Was tun Sie, wenn Sie ein bezahlter Polizeispitzel sind?
- Sollen Sie einer Klatschkolumnistin anonym Geschichten über Freunde erzählen?

Es ist sehr interessant, dass „Verpfeifen" oder „Informieren" sowohl Pflicht als auch Schande sein kann. Das ist ein sehr heikles Beispiel für den Zusammenprall von Werten. Außerdem sehen wir daran, welche Rolle der Kontext und die Heuchelei spielen. Wenn wir einen Polizeistaat ablehnen, dürfen wir ihm auch keine Informationen über Dissidenten geben. In einer Demokratie kann das jedoch zulässig und sogar eine Pflicht sein. Der Gedanke, Klatsch über Freunde zu verbreiten, gefällt uns nicht – dennoch lesen wir Klatschgeschichten. Ich-Werte, Gruppenwerte und ethische Werte prallen ständig aufeinander.

Welches sind Ihrer Meinung nach in folgenden Situationen die hohen Werte und die Nebenwerte?

1. Ein neuer Lehrer wird eingestellt.
2. Unser Land gibt einem armen Land Entwicklungshilfe.
3. Sie wählen einen Beruf.

4. Sie suchen nach einem günstigen Standort für ein Restaurant.
5. In einer Rezession sollen Mitarbeiter entlassen werden.
6. Sie wählen Spieler für ein Team aus.

Werturteile

Wörter wie „verpfeifen“ und „Informant“ sind negative Werturteile. Das Gleiche gilt für viele andere Wörter, die wir benutzen. Ich behaupte, dass mehr als drei Viertel des Wortschatzes, den wir in der Öffentlichkeit benutzen, aus Werturteilen besteht, auf die wir unsere Argumente stützen.

Wenn Sie einen Leitartikel lesen oder einen Politiker reden hören, entdecken Sie oft nur ein dünnes Netz aus vernünftigen Argumenten, das eine schwere Last aus Werturteilen tragen muss.

Es gibt „schöne“ Wörter wie moralische Pflicht, Gerechtigkeit, Ehre, Fairplay, Freiheit, Pressefreiheit, Konsistenz, Menschenrechte, ernsthaft, direkt, aufmerksam usw.

Und es gibt die zahlreicheren „bösen“ Wörter, zum Beispiel: stur, gerissen, clever, verschlagen, wohlmeinend, irregeleitet, egoistisch, Manipulation, auf sich aufmerksam machen, anderen nach dem Mund reden, oberflächlich, Kapitalist, Sozialist, engstirnig, zwielichtig usw.

Den folgenden Satz habe ich einer Abhandlung entnommen, der die Bedeutung der charismatischen Bewegung für die Entwicklung des Christentums beschreibt:

„Die Offenheit des Christentums für Wachstum und Entwicklung hat eine schöpferische Spannung erzeugt, die den Glauben lebendig hält.“

Die Wörter „Offenheit“, „Entwicklung“, „Wachstum“, „schöpferisch“ und „lebendig“ sind Werturteile, die Mut machen sollen.

In Kalifornien diskutierte ich einmal mit einem Psychologen und vertrat den provokativen Standpunkt, es sei falsch, im Sinne von Freud tief zu graben, um das „wahre Ich“ und die „wahre Ursache des Verhaltens“ zu finden. Ich behauptete, auch die oberflächliche Persönlichkeit könne wichtig sein, also die Maske, mit der die Menschen der Welt gegenübertreten. Interessant war, dass eine Diskussion kaum zustande kam, weil alle Wörter, die ich benutzte, einen negativen Wert hatten: Oberfläche, Maske, konstruiert, Lack. Und alle Wörter, die der Psychologe benutzte, hatten einen positiven Wert: wahres Ich, wahres Wesen, wahres Selbst, tiefe Wahrheit, Hauptursache des Verhaltens, verborgene Ursachen. Wir sind so sehr an freudsche Begriffe gewöhnt, dass wir ihnen positive Werte zuschreiben.

Genau das Gleiche geschieht, wenn Sie einen Angestellten an einen Platz versetzen wollen, wo er nicht nur glücklich ist, sondern auch am besten arbeitet. Alle Wörter, die Sie benutzen, hören sich nach „Manipulation“ an, und dieser Begriff hat zu Recht einen negativen Beigeschmack. Sogar wenn Sie den Mitarbeiter selbst entscheiden lassen, wird jemand behaupten, Sie hätten nur Ihren eigenen Vorteil im Sinn und daher handle es sich um Manipulation.

Es ist erschreckend, dass wir über viele Themen gar nicht diskutieren können, weil schon die Wörter, die wir verwenden, derart mit Werturteilen behaftet sind, dass alles, was wir sagen, auf Vorurteile stößt. Wenn Sie etwas Komplexes einfach erklären, sind Sie ein „Populist“, und das ist ein bequemes, abschätziges Urteil.

Es lohnt sich, zur Übung eine politische Rede oder einen Leitartikel durchzugehen (noch besser sind manche Leserbriefe) und alle Wörter zu markieren, die Werturteile ausdrücken. Das Ergebnis überrascht die meisten Leute.

Zu den Werturteilen gehören auch jene Wörter, die besonders wichtig klingen, aber wenig enthalten: „Anliegen“, „höchste Priorität“, „gewisse Fortschritte“, „Sachfragen“. Das sind vor allem politische Wörter, die man verwendet, um viel zu sagen, wenn man keine Versprechungen machen und sich nicht festlegen will.

Bewusstheit

Wir sollten uns bewusst sein, welche Werte mit einer Situation verknüpft sind, welche Werte miteinander konkurrieren, welche Werte den Beteiligten wichtig sind und woher diese Werte kommen. Überlegen Sie, welche Werte in folgenden Situationen eine Rolle spielen: Ein Ingenieur erfindet einen Webstuhl, der drei Mal so schnell arbeitet wie die anderen. Ein Angestellter weiß, dass sein Chef sich bestechen lässt; aber er weiß auch, dass er bei seinem Chef hohes Ansehen genießt. Die Busfahrer streiken. Ein Arzt verlangt ein sehr hohes Honorar für eine lebensrettende Operation. Die Regierung schafft Patente für Arzneimittel ab. Ein Politiker wechselt zu einer anderen Partei.

Die wichtigste Übung habe ich bereits erwähnt: die Analyse eines geschriebenen oder gesprochenen Textes, um Wörter zu finden, die Werturteile ausdrücken. Es ist erstaunlich, wie oft das, was wir für „Denken“ halten, nur aus geschickt vorgetragenen Werturteilen besteht.

9
Entscheiden

Entscheidungen sind immer eine praktische Angelegenheit, und darum werde ich sie als solche behandeln.

Die Bedeutung einer Entscheidung entspricht stets der Unangemessenheit des Grundes, aus dem sie getroffen wird.

Wenn Informationen ausreichen, um eine Entscheidung zu treffen, dann sind Menschen überflüssig. Wir brauchen nur zu entscheiden, wenn eine Analyse der Informationen nicht ausreicht, also wenn wir spekulieren oder raten oder menschliche Werte und Gefühle berücksichtigen müssen. Darum ist das menschliche Element beim Entscheiden äußerst wichtig. Letztlich sind alle Entscheidungen emotional.

Darum möchte ich mich hier mit ganz gewöhnlichen Entscheidungen befassen, nicht mit der Sorte, bei der man verschiedene Faktoren durch ein Modell der Wirtschaft laufen lassen muss. Im Grunde sind selbst solche Entscheidungen gewöhnliche menschliche Entscheidungen.

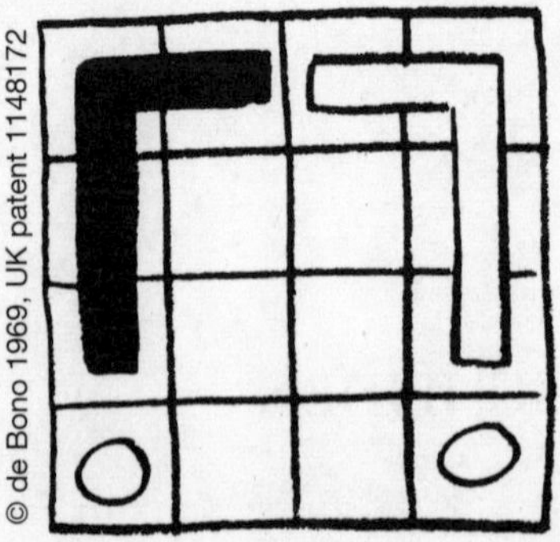

Die Abbildung rechts zeigt eine Situation im L-Spiel. Einer der Spieler kann mit einem Zug gewinnen. Wie bereits erwähnt, hat jeder Spieler ein L, das er in jede unbesetzte Position verschieben darf. Danach kann er eine der beiden kleinen Figuren verschieben. Das Ziel des Spiels besteht darin, das gegnerische L zu blockieren.

Für das L-Spiel brauchen wir ganz einfache Entscheidungen, da der Wert der Entscheidung klar ist: Entweder gewinnen wir oder nicht. In fast allen Situationen besteht die Schwierigkeit darin, dass der Wert der Entscheidung sich erst in der Zukunft herausstellt. Beim L-Spiel müssen wir zwar eine große Zahl möglicher Züge in Betracht ziehen, aber deren Zahl ist begrenzt. Bei anderen Entscheidungen begrenzt nur unsere Fantasie die Zahl der Möglichkeiten.

Entscheidungen vorbereiten

Vor einer Entscheidung überlegen wir: Wie sieht der Kontext aus? Wie ist die Situation, in der wir entscheiden müssen – ruhig, panisch, von Streit oder Wettbewerb beeinflusst? Warum müssen wir überhaupt entscheiden? Was geschieht, wenn wir die Entscheidung verschieben – löst das Problem sich von selbst, oder verpassen wir eine

Chance? Stehen wir unter Druck? Üben wir den Druck selbst aus, oder drängen uns andere?

Wie viel Zeit haben wir für die Entscheidung, und wann treten die Folgen ein? Müssen wir heute, diesen Monat, dieses Jahr oder im nächsten Jahrzehnt entscheiden? Stellen sich die Konsequenzen nächste Woche oder in zwanzig Jahren ein?

Schließlich gibt es noch die „Art" der Entscheidung. Ändern wir nur die Richtung oder steckt mehr dahinter? Wollen wir etwas beenden oder etwas Neues beginnen? Sind wir von anderen Leuten abhängig, oder können wir allein entscheiden? Ist die Entscheidung unwiderruflich, oder können wir sie revidieren, wenn sie sich als falsch erweist? Ist es eine von vielen Entscheidungen oder eine, die den Kurs für alles Folgende festlegt? Sind wir überhaupt in der Lage, diese Entscheidung zu treffen?

Das alles lässt sich mit den Begriffen Kontext, Notwendigkeit, zeitliche Aspekte und Art zusammenfassen.

Alternativen suchen

Manche Alternativen liegen auf der Hand, andere müssen wir finden oder durch schöpferisches Denken selbst entwickeln. Um Alternativen zu finden, die nicht offensichtlich sind, ist zumindest ein wenig bewusste Anstrengung notwendig. Es muss aber auch eine praktische Abkürzung geben, denn die Hoffnung auf die allerbeste Alternative ist unrealistisch. Über die Notwendigkeit, Alternativen zu finden, haben wir bereits ausführlich gesprochen. Hier genügt die Feststellung, dass es sich immer lohnt, nach Alternativen zu suchen, wenn eine Entscheidung schwierig ist.

Werte und Prioritäten

Diese können wir im Voraus festlegen. Prioritäten können Werte sein, aber auch Teilziele (die wir erreichen wollen). Werte und Prioritäten sind in den folgenden zehn Methoden der Entscheidungsfindung ineinander verwoben.

Die Würfelmethode

Schreiben Sie die Alternativen auf, und entscheiden Sie dann mit dem Würfel, welche Sie wählen. Das mag Ihnen seltsam, irrational oder unmöglich vorkommen; aber es ist durchaus sinnvoll. Die Last der Entscheidung wird auf „jemand anderen" verlagert. In diesem Fall ist es ein Würfel, in anderen Fällen könnten es die Sterne, eine Wahrsagerin, das Schicksal usw. sein.

Der Punkt, um den es hier geht, ist ganz einfach: Ist es wichtiger, die richtige Entscheidung zu treffen oder mit der Entscheidung glücklich zu sein?

Psychologen wissen seit langem, dass Menschen die Neigung haben, einmal getroffene Entscheidungen zu mögen und zu rechtfertigen. Darum ist die Würfelmethode logisch: Treffen Sie die Entscheidung, und befreunden Sie sich mit dem Ergebnis.

Die Würfelmethode ist eine ernsthafte Methode, weil es in manchen Situationen nicht am wichtigsten ist, wie wir entscheiden, sondern wie wir mit irgendeiner Entscheidung zurechtkommen.

Ein reicher Onkel bittet Sie, sich eines der folgenden Geburtstagsgeschenke auszusuchen:

1. Ein paar Schuhe
2. Ein Theaterbesuch
3. Ein Essen im Restaurant mit Freunden
4. Sechs Bücher oder Videos Ihrer Wahl
5. Einen Rolls Royce für drei Stunden
6. Eine Sofortbildkamera

Lassen Sie den Würfel entscheiden. Wären Sie mit seiner Entscheidung zufrieden?

Der einfachste Ausweg

Letztlich müssen wir eine Entscheidung nicht nur treffen, sondern auch durchführen. Manche Alternativen sind leichter zu wählen als andere. Das berücksichtigt der „einfachste Ausweg“. Welche Alternative ist die einfachste? Die Antwort muss natürlich jeder selbst finden, und darum ist die Wahl subjektiv. Sobald wir uns entschieden haben, bemühen wir uns, sie auszugestalten und zu rechtfertigen. Das ist ein *bewusstes, positives* Bemühen. Wenn wir die Entscheidung am Ende dieses Bemühens akzeptieren können, dann bleiben wir dabei. Wenn nicht, benötigen wir eine andere Methode.

Ein Mädchen erfährt, dass ihr Freund ihre beste Freundin gebeten hat, mit ihm auszugehen. Sie hat folgende Alternativen:

1. Sie tut, als wüsste sie nichts.
2. Sie stellt ihn zur Rede.
3. Sie macht ihm Vorwürfe.
4. Sie fordert ihre Freundin auf, den Plan fallen zu lassen.
5. Sie geht mit einem anderen aus.

Der „einfache Ausweg“ hängt sehr von der Persönlichkeit ab. Jede Alternative dürfte ihre Anhänger finden. Die Wahl des einfachsten Auswegs ist der erste Schritt. Wenn wir die Entscheidung rechtfertigen können, umso besser.

Der imaginäre Freund

Stellen Sie sich vor, dass Sie jede Alternative der Reihe nach auswählen, und begründen Sie Ihre Entscheidung vor einem imaginären Freund. Führen Sie alle Gründe an, die für die Entscheidung sprechen. Schreiben Sie diese Gründe auf, und lesen Sie sie durch. Welcher hört sich am besten an? Welcher ist am sinnvollsten? Manchmal liegt der beste Grund auf der Hand, ein andermal sind manche Rechtfertigungsversuche so schwach, dass die betreffenden Alternativen sofort wegfallen.

Eine Versicherungsgesellschaft bietet ihren Büroangestellten folgende Alternativen an:

1. Ein höheres Gehalt
2. Eine kürzere Arbeitswoche
3. Längeren Urlaub
4. Mehr Freizeit, wenn sie benötigt wird

Stellen Sie sich vor, Sie müssen zwischen diesen Möglichkeiten wählen. Gehen Sie die Alternativen der Reihe nach durch, und begründen Sie die jeweilige Entscheidung vor einem imaginären Freund. Da die Begründungen sich nach der persönlichen Situation richten, berücksichtigen Sie Ihre eigene Situation (Größe der Familie usw.).

Diese Methode erweitert den „einfachsten Ausweg“. Allerdings wird hier jede Alternative begründet. Je sorgfältiger Sie vorgehen, desto erfolgreicher ist diese Methode.

Buridans Esel

Dieser mythische Esel stand genau in der Mitte zwischen zwei gleich großen Heubündeln. Er verhungerte, weil er sich nie für eines der Bündel entscheiden konnte. Da die Alternativen genau gleich waren, war das Tier wie gelähmt. Den Philosophen diente der arme Esel als Vorwand für endlose Diskussionen über den freien Willen.

Was Entscheidungen anbelangt, hat der Esel uns etwas Wichtiges zu sagen: Wenn alle Alternativen gleich verlockend sind, sollte die Entscheidung eigentlich am einfachsten sein, weil jede Wahl richtig ist. Wir brauchen nur einen Würfel zu benutzen und mit dem Ergebnis zufrieden zu sein. Warum also sind solche Entscheidungen derart schwierig – zum Beispiel wenn eine junge Dame sich zwischen zwei gleich attraktiven Partnern entscheiden soll? Die Antwort lautet: Die Schwierigkeit liegt darin, dass wir auf die anderen Alternativen *verzichten* müssen. Mit anderen Worten: Das Problem des Esels bestand darin, dass er einem Heubündel den Rücken hätte zuwenden müssen. Sobald wir wissen, das wir etwas bekommen, nimmt seine Attraktivität ab und die Attraktivität dessen, was wir aufgeben müssen, nimmt zu.

Die „Eselsmethode“ packt das Problem an der Wurzel. Wir bemühen uns, jede Alternative der Reihe nach unattraktiv zu machen. Wenn es uns gelingt, ist es nicht schmerzlich, die betreffende Alternative aufzugeben, und die beste Entscheidung ist klar.

Sie haben einen Flaschengeist befreit und dürfen nun entscheiden, welchen von vier Wünschen er Ihnen erfüllen soll:

1. Weisheit
2. Reichtum
3. Schönheit
4. künstlerisches Talent

Nun können Sie etwa folgende Überlegungen anstellen:

1. *Weisheit:* Ich finde alle anderen dumm und bin mir des Elends in der Welt noch mehr bewusst.
2. *Reichtum:* Ich weiß nie, wer wirklich mein Freund ist. Ich bin auf Leute neidisch, die noch reicher sind. Ich habe viele Sorgen.
3. *Schönheit:* Ich habe Angst, meine Schönheit zu verlieren. Ich ziehe zweifelhafte Charaktere an. Ich werde eitel.
4. *Künstlerisches Talent:* Ich bin enttäuscht, wenn mein Talent nicht anerkannt wird. Es gibt immer neue Horizonte. Ein Talent kann auch eine Last sein.

Die Entscheidung hängt immer noch von Ihrer Einstellung ab; aber jetzt fällt es Ihnen leichter, auf die nicht gewählten Alternativen zu verzichten.

Die Ideallösung

Bei dieser Methode zählen Sie die Alternativen auf – und ignorieren sie dann. Stattdessen denken Sie sich eine „Ideallösung“ für die Situation aus. Sie sollte nicht detailliert sein; aber notieren Sie die wichtigsten Elemente. Jetzt prüfen Sie, welche Alternative der Ideallösung am nächsten kommt. Mit anderen Worten: Sie untersuchen nicht mehr jede Alternative für sich, sondern messen sie am „Ideal“.

Eine Kleinstadt besitzt ein leeres Grundstück und will es nutzen. Folgende Verwendungsvorschläge werden gemacht:

1. Parkplatz
2. Wohnhäuser
3. Park
4. Spielplatz
5. Offener Markt (mit Ständen)

Diese Alternativen werden zur Seite gelegt, und man diskutiert über die wesentlichen Züge einer idealen Lösung. Man ist sich darüber einig, dass möglichst viele Menschen davon profitieren sollen und dass sie das Leben angenehmer machen soll. Ein Vergleich der Alternativen mit diesem Ideal zeigt, dass ein Park die beste Wahl ist. Wichtig ist, dass wir bei dieser Methode ehrlich sind und nicht etwa eine „Ideallösung“ formulieren, die eine der Alternativen nahe legt. Darum ist es auch nicht sinnvoll, zuerst eine Ideallösung zu suchen und dann die Alternativen – diese würden der idealen Lösung angepasst. Das muss später geschehen. Die Liste der Alternativen sollte objektiv sein und der Ideallösung vorangehen.

Das beste Heim

Das beste „Heim“ für eine Idee ist die Situation, in der die Idee gedeihen würde. In einem Zimmer gibt es einen besten Platz für eine Blumenvase und in einer Fußballmannschaft eine beste Position für jeden Spieler. Ebenso können wir das beste „Heim“ für eine Idee finden. In diesem Fall sind die Ideen die Alternativen, über die wir entscheiden müssen. Für jede Alternative suchen wir das beste Heim. Für welche Menschen wäre diese Alternative unter welchen Umständen die beste Lösung? Angenommen, jemand war sehr unhöflich zu Ihnen, dann haben Sie jetzt mehrere Alternativen. Sie können dem Kerl beispielsweise eine runterhauen. Das beste „Heim" für diese Idee wäre ein Mensch mit hitzigem Temperament und enormen Muskeln. Nun vergleichen Sie diese Alternative mit der Realität: Sind Sie ein aufbrausender Muskeltyp?

Ein kleines Fertigungsunternehmen will künftig Glühbirnen herstellen. Man erörtert die Strategie und gelangt zu zwei Alternativen:

1. Wir stellen Glühbirnen her, die billiger sind als alle anderen, aber nicht so lange halten.
2. Wir stellen Superglühbirnen her, die länger halten, aber auch teurer sind.

Das beste Heim für die billigen Glühbirnen wäre eine große Firma, die sehr wirtschaftlich arbeitet, einen großen Werbeetat und ein gutes Verteilernetz hat und imstande ist, Preise zu ändern, um Konkurrenten zu übertrumpfen. Das beste Heim für die Superglühbirnen wäre eine kleine Firma, die eine ordentliche Gewinnspanne braucht und in einer kleinen Marktnische existieren kann. Wenn wir das beste Heim mit der Realität vergleichen, ist die Superglühbirne das bessere Produkt.

Wie bei einigen anderen Methoden müssen wir auch hier sehr objektiv sein, um das beste „Heim" für die Alternativen zu finden.

Was wäre, wenn ...?

Hier nehmen wir verschiedene Änderungen der Verhältnisse vor, um herauszufinden, an welchem Punkt eine Alternative nicht mehr attraktiv ist. Angenommen, Sie überlegen, ob Sie dieses Jahr in Marbella Urlaub machen sollen, und stellen sich folgende Fragen:

- Was wäre, wenn es jeden Tag regnen würde?
- Was wäre, wenn ich keine Menschenseele träfe?
- Was wäre, wenn Marbella dieses Jahr nicht mehr „in“ sein sollte?

Sobald Sie auf ein „Was wäre, wenn ...?“ stoßen, das die Entscheidung unattraktiv macht, haben Sie den eigentlichen Grund der Entscheidung entdeckt. Wenn Marbella nicht mehr in Mode ist und deswegen seinen Reiz verliert, war der Wunsch, „in“ zu sein, offensichtlich ein Teil des Entscheidungsprozesses. Dann ist es vielleicht besser, wenn Sie an einen beliebteren Ort fahren.

Ein Mann und seine Frau haben sehr gute Jobs; ihre Kinder sind erwachsen. Dem Mann wird eine Stelle angeboten, die er sich schon immer gewünscht hat – allerdings 300 Kilometer entfernt. Es ist unwahrscheinlich, dass die Frau in dieser Stadt einen Job findet, der ihr zusagt. Nun gibt es folgende Alternativen (in der Praxis wären es viel mehr):

1. Das Angebot ablehnen
2. Annehmen und sich an den Wochenenden treffen
3. Frau gibt ihren Job auf und kommt mit
4. Zunächst annehmen und später, wenn es sein muss, kündigen

Nun probieren wir einige „Was wäre, wenn ...?“
- Was wäre, wenn der Job nicht so attraktiv sein sollte, wie es scheint?
- Was wäre, wenn die getrennten Ehepartner jemanden anders kennen lernten?
- Was wäre, wenn er oder sie krank würde?
- Was wäre, wenn die Frau ein solches Angebot bekäme?
- Was wäre, wenn beide am selben Ort einen besseren Job bekämen?
- Was wäre, wenn die Frau doch eine Stelle in der neuen Stadt fände?

Dabei kristallisieren sich folgende entscheidenden Fragen heraus:
- Ist die angebotene Stelle wirklich so attraktiv, wie es aussieht?
- Ist der Beruf das Wichtigste im Leben?
- Wäre es besser, wenn die Frau die Entscheidung träfe?

Die einfache Schablone

Die Schablone ist ein Gitterwerk, wie die Abbildung es zeigt. An der Seite zählen Sie die Alternativen auf, oben die Merkmale, nach denen Sie suchen. In den Kästchen geben Sie an, ob eine Alternative das gewünschte Merkmal aufweist.

Versuchen Sie, die wenigen unabdingbaren Merkmale herauszupicken, ohne die Ihre Entscheidung sinnlos wäre. Im Grunde filtern Sie diejenigen Alternativen heraus, die völlig ungeeignet sind.

	PREIS	LAUFENDE KOSTEN	HALTBAR-KEIT
REPARATUR			X
NEUES AUTO	X		
GEBRAUCH-TES AUTO			
LEASING			
MIETE	X		

Nehmen wir an, Ihr altes Auto kommt nicht mehr durch den TÜV. Dann haben Sie folgende Alternativen:

1. Mehr Geld für Reparaturen ausgeben
2. Ein neues Auto kaufen
3. Ein gebrauchtes Auto kaufen
4. Ein Auto leasen
5. Ein Auto mieten, wenn Sie es brauchen

Als „unabdingbare" Merkmale stellen sich heraus: der Preis für ein neues oder gebrauchtes Auto, die laufenden Kosten und die Haltbarkeit. Auf der Abbildung sehen Sie, dass einige Alternativen bereits ausgesondert wurden, weil sie den Test nicht bestanden. Den Rest können Sie dann mit einer anderen Entscheidungsmethode prüfen. Sie können aber auch weitere oder noch strengere „unabdingbare" Merkmale festlegen, so lange, bis eine einzige Alternative übrig bleibt. Hier geht es also darum, welche Alternative „überlebt".

Die vollständige Schablone

Hier listet die Schablone *alle* Prioritäten, Werte und Gesichtspunkte auf, die Ihre Entscheidung beeinflussen. Sie prüfen jede einzelne Alternative, um herauszufinden, welche Merkmale sie besitzt. Zum Schluss schauen Sie sich noch einmal die Alternativen an, welche die meisten Merkmale aufweisen. An diesem Punkt können Sie eine andere Entscheidungsmethode anwenden. Es ist gefährlich einfach, die Alternative mit den meisten Merkmalen zu wählen, weil nicht jedes Merkmal gleich wichtig ist. Zwei weniger wichtige Merkmale wiegen nicht schwerer als ein sehr wichtiges (es gibt schon einen Ausweg, aber er ist kompliziert und letztlich subjektiv).

Die Abbildung unten zeigt eine vollständige Schablone für eine Entscheidung zwischen drei unterschiedlichen Kücheneinrichtungen: modern, traditionell und funktionell. Die Merkmale sind: Preis, Aussehen, Vereinbarkeit mit dem Stil des Hauses, Robustheit, Haltbarkeit, leichte Reinigung und Reparatur, Bequemlichkeit und Sicherheit. In diesem Fall scheint der moderne Stil zu gewinnen. Aber Sie können an diesem Punkt immer noch sagen: „Der moderne Stil ist zwar der Beste – aber ich bevorzuge die Tradition." Die Entscheidung ist jetzt eine vernünftige: Die Ästhetik ist Ihnen wichtiger als andere Punkte.

	PREIS	AUSSEHEN	PASST SIE?	ROBUST	HALTBAR	REINIGEN	SICHERHEIT
MODERN	✓		✓	✓	✓	✓	✓
TRADITIONELL	✓	✓	✓		✓		
FUNKTIONELL	✓			✓	✓		✓

Die faule Methode

Diese Methode ist einfach und direkt und der menschlichen Natur angemessen. Sie prüfen jede Alternative, um herauszufinden, welchen Beitrag Furcht, Gier und Faulheit bei der Wahl dieser Alternative ausmachen würden. Mit anderen Worten: Welche Motive stecken wirklich hinter dieser Wahl?

Eine Großmutter lebt allein. Ihr Sohn ist der Meinung, dass sie allmählich zu alt dafür wird. Also denkt er über folgende Alternativen nach:

1. Alles lassen, wie es ist
2. Sie im Altersheim unterbringen
3. Sie zu sich nehmen
4. Jemanden bezahlen, der sich um sie kümmert

Die erste Alternative enthält eine Menge Faulheit (sie macht die geringste Mühe). Aber es ist auch zu befürchten, dass der alten Frau etwas zustößt und dass andere Leute die Nase rümpfen. Was die Gier betrifft, so scheinen die Kosten geringer zu sein als in den anderen Fällen.

Auch die Unterbringung im Altersheim kommt der Faulheit entgegen. Das ist allerdings teuer, und man muss befürchten, dass es der alten Frau im Heim nicht gefällt.

Wenn der Sohn die Mutter in seinem Haus aufnimmt, ist zu befürchten, dass sie nicht mit seiner Frau und den Kindern auskommt und das Familienleben stört. Hier kann auch Gier mitspielen, wenn eine Erbschaft winkt.

Eine Haushälterin zu bezahlen ist teuer. Andererseits würde man die Arbeit auf andere abwälzen.

Letztlich dürften auch hier die Gefühle den Ausschlag geben. Immerhin ist das Bild aber klarer geworden.

Manchmal sind Gier, Furcht und Faulheit die wichtigsten Punkte, was die Attraktivität einer Alternative anbelangt.

Rückblickend entscheiden

Der persönliche Stil und das Selbstbild sind hier wichtige Faktoren. Können Sie diese Entscheidung vor sich selbst verantworten? Wenn sie rücksichtslos ist: Können Sie sich dazu durchringen? Entscheidungen müssen objektiv sein, aber der persönliche Stil gehört dazu.

Denken Sie vor allem an die beteiligten Personen. Muss jemand der Entscheidung zustimmen oder sie mittragen? Wer ist davon betroffen? An diesem Punkt sollten Sie Methoden wie ALM oder „logische Blasen" anwenden.

Berücksichtigen Sie auch die Folgen der Entscheidung (unmittelbar, kurzfristig, mittelfristig und langfristig). Dafür eignet sich das F&K.

Wer wird die Entscheidung durchsetzen und wie? Sind dafür Vorkehrungen notwendig? In welchen Phasen läuft die Durchführung ab? Mit welchen Problemen ist zu rechnen? Gibt es Risiken und Gefahren? Das alles gilt für jedes Handeln (darum gehe ich in einem späteren Kapitel darauf ein).

Wie sieht das Terrain aus? Gemeint ist die „Karte" der Verhältnisse und Bedingungen, in deren Rahmen die Entscheidung ausgeführt wird. Dazu zählen Mitbewerber, Rivalen und der Zustand der ganzen Welt – die kleine und die große Umwelt.

Was ist zu tun, wenn die Entscheidung sich als falsch erweist? Wenn sie undurchführbar ist? Wenn die Verhältnisse sich ändern? Lässt sich die Entscheidung revidieren? Manche Leute glauben, solche Überlegungen schwächten das Vertrauen in eine Entscheidung. Wenn Sie sicher sind, richtig entschieden zu haben – warum brauchen Sie dann einen „Rückzugsplan"? Weil alle Entscheidungen spekulativ sind, andernfalls wären es keine Entscheidungen. Es ist ein Unterschied, ob Sie Risiken scheuen oder ob Sie Vorkehrungen für den Notfall treffen.

Die passende Entscheidung

Vielleicht haben Sie bemerkt, dass der Nachdruck bei vielen vorgeschlagenen Methoden nicht beim Wert der Alternativen liegt, sondern darauf, wie sie zu den tatsächlichen Umständen „passen". Wir müssen schwierige Entscheidungen zuerst vereinfachen. Am Ende sind *alle* Entscheidungen emotional; doch je klarer das Bild ist, desto leichter haben es die Gefühle.

Die Zukunft

Entscheidungen setzen Projektionen in die Zukunft voraus. Wir wissen nie genau, was geschehen wird. Wir kennen unsere künftigen Gefühle nicht. Viele Werkzeuge, die unsere Aufmerksamkeit lenken (PMI, F&K, ALM, BAF), eignen sich auch als Entscheidungshilfe. Wenn Sie nur die Situation und die Alternativen untersuchen, ist eine Entscheidung viel schwieriger, als wenn Sie sich über

Ihre Prioritäten, Wünsche und Bedürfnisse im Klaren sind.

Wenden Sie irgendeine Methode der Entscheidungshilfe auf die folgenden Situationen an (es muss nicht immer dieselbe sein):

1. Sie müssen zwischen einem gut bezahlten, aber langweiligen und einem schlecht bezahlten, aber interessanten Job wählen.
2. Sie überlegen, ob Sie in ein neues Restaurant gehen oder in eines, das Sie sehr gut kennen.
3. Sie überlegen, welche Automarke Sie kaufen sollen.
4. Sie überlegen, wo Sie künftig wohnen sollen.
5. Sie überlegen, in welcher Farbe Sie das Wohnzimmer streichen sollen.
6. Sie überlegen, ob Sie eine Party geben oder nicht.

10
Denken und Tun

Es ist besonders töricht, dass in unserer Gesellschaft Denker und Ausführende getrennt werden. Denker sind nicht zum Tun da. Ausführende sollen nicht denken. Das Denken kann ein Vorwand für Untätigkeit sein – perfektes Denken ist wichtiger als praktisches Handeln. Denker dürfen warten, bis sie vollständige Informationen und alle Details haben, ehe sie handeln. Denker können ihre Vorschläge so darlegen und absichern („einerseits ... andererseits“), dass Handeln unmöglich wird. Daraus entsteht das „akademische Denken“.

An amerikanischen Universitäten werden die Akademiker ermuntert, einen Teil ihrer Arbeitszeit in der realen Welt des Handelns zu verbringen. An britischen Universitäten runzelt man darüber die Stirn. Gewiss, das akademische Denken hat seine Berechtigung, ebenso die passive Gelehrtheit (die wiederholt, was andere wiederholt haben); aber beides ist nur ein kleiner Teil des Denkens. Das umfassende, praktische, robuste und auf die Tat abzielende Denken ist jedoch keine minderwertige Art des Denkens, sondern in mancher Hinsicht überlegen. Ungewissheiten und Risiken müssen eingeschätzt und mögliche Maßnahmen geplant werden.

Es gibt aber auch „Pragmatiker", die behaupten, man brauche wenig zu denken, um etwas zu tun. Wenn das stimmt, gibt es drei Möglichkeiten: Erfahrung, Routine oder Glück. Manchmal genügt Erfahrung, um zu handeln. Aber sobald die Konkurrenten ein wenig denken, weiß die Erfahrung vielleicht keinen Rat mehr. Routine ist in einer einfachen Welt ohne Wettbewerb brauchbar. Darum war die Versicherungsbranche immer ein guter Platz für den Einzelgänger mit Erfahrung und Routine. Das Glück erscheint oft in Form des „gesunden Menschenverstandes". Diejenigen, die das Glück begünstigt, haben Erfolg, und die vielen, denen das Glück nicht hold ist, fallen nie auf.

Es ist wahr, dass „Effektivität" beim Handeln wichtiger ist als intellektuelle Plaudereien. Aber Effektivität schließt eine Menge Denken ein, vor allem wenn Ziele zu setzen sind. Der handelnde Denker interessiert sich vielleicht mehr für die positiven Aspekte des Möglichen als für Zweifel und Ängste; aber auch das ist Denken. Wenn ein Pragmatiker stolz darauf ist, dass er nicht denkt, dann hat er entweder Glück gehabt, oder das Denken hat einen schlechten Ruf.

Im Laufe der Jahre hatte ich mit vielen großen Unternehmen in Europa, Amerika und dem Osten Kontakt (IBM, Du Pont, Prudential USA, Merck, Schweizer Bankgesellschaft, Shell, BP usw.). Sie legen zweifellos sehr großen Wert auf das Denken. Ich wage zu behaupten, dass Unternehmen weitaus stärker am Denken interessiert sind als jeder andere Teil der Gesellschaft – Bildung und Erziehung nicht ausgeschlossen. Meiner Erfahrung nach hat die Geschäftswelt auf das Denken stets größeren Wert gelegt als fast jeder andere Teil der Gesellschaft. Das mag daran liegen, dass es in anderen

Bereichen (Hochschulen, Politik usw.) genügt zu beweisen, dass man Recht hat und dass der andere Unrecht hat.

Im Geschäftsleben glauben wir vielleicht, dass wir Recht haben; aber wir werden an der Realität geprüft. Wenn der Markt anderer Meinung ist, gibt es Probleme. In vielen Bereichen sind „Beschreibung“ und Analyse genug. Aber im Geschäft ist konstruktives Handeln unerlässlich. Kreativität ist ebenso wichtig. Die Geschäftswelt steht nicht still. Alles ändert sich unaufhörlich. Selbstzufriedenheit ist tödlich.

Das Handlungsdenken

Erzieher und Ausbilder glauben, man brauche nur Informationen zu sammeln und könne dann ohne Schwierigkeiten zur Tat schreiten. Das ist falsch. Das Handlungsdenken ist ebenso wichtig wie das Wissen. Es ist eine Tragödie, dass Lehrer und Erzieher das nicht begreifen. Zum adäquaten Handeln gehört auch die Fähigkeit zu denken (z. B. um Ziele zu setzen). Wie bereits erwähnt bin ich der Meinung, dass das Handlungsdenken ebenso geschult werden sollte wie Lesen, Schreiben und Rechnen.

Drei Möglichkeiten, etwas zu tun

Es gibt drei traditionelle Arten, etwas zu tun. Als Modell eignet sich ein Ball, der einen Abhang hinunterrollt.

Die erste Möglichkeit zeigt die folgende Abbildung. Wir sehen die Szene von oben, und der Ball fängt in einer Ecke zu rollen an.

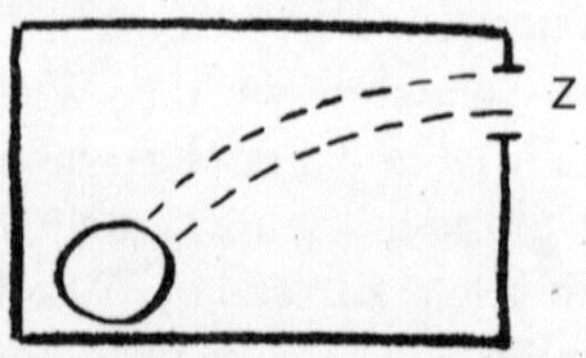

Das Z steht für „Ziel". Wir graben eine Rinne für den Ball, der er folgt, wenn er sich dem Ziel nähert. Das entspricht der Anwendung von Prozeduren und Routine – eine sehr effektive, aber wenig flexible Methode.

Um die zweite Methode zu illustrieren, bringen wir am Ziel eine kleine Glühbirne an. Der Ball besitzt einen Sensor, der ihm den Weg zum Ziel weist. Das ist zielorientiertes Verhalten oder Management. Dafür brauchen wir Leute mit größerem „Format". Diese Methode ist viel flexibler, weil wir überall starten und das Ziel leicht wechseln können.

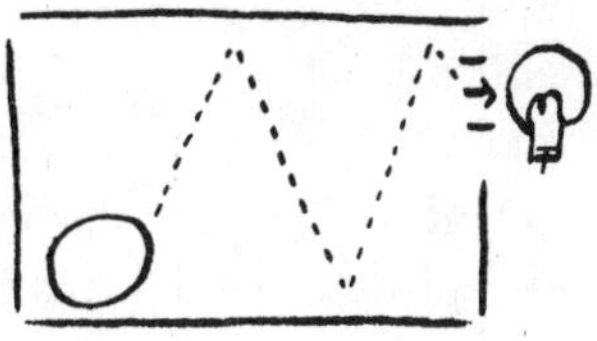

In der dritten Variante wird der Ball einfach losgelassen. Nachdem er am Fuß des Hügels angekommen ist, bezeichnen wir diese Position als „Ziel". Mit anderen Worten: Wir haben gar kein echtes Ziel, sondern behaupten einfach, die Position des Balls sei unser Ziel gewesen.

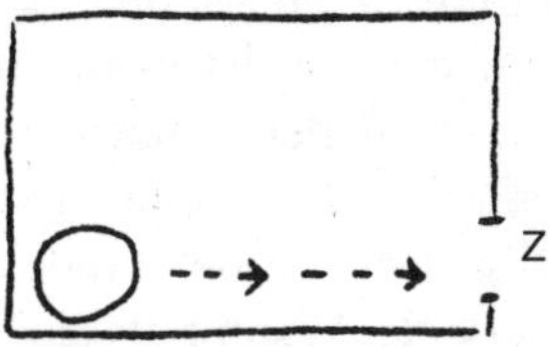

Ziele setzen

Einmal stellte ich Jugendlichen die Aufgabe, innerhalb von 20 Sekunden möglichst viele Eier von einem Ort zu einem anderen zu bringen. Die Teilnehmer (die ja unter Zeitdruck standen) versuchten instinktiv, bei jedem Gang so viele Eier wie möglich mitzunehmen. Beim zweiten Versuch forderte ich sie auf, ein wenig nachzudenken. Es war keine Überraschung, dass einige von ihnen nun Unterziele setzten. Sie fragten sich: „Was muss ich tun, um das höchste Ziel leichter zu erreichen?". Ein Vorschlag war die Verwendung eines Tuchs als Behälter für die Eier.

ZZ

Auch das ist ein „Denkwerkzeug“, das unsere Aufmerksamkeit lenkt und Teil des CoRT-Programms ist. Es ist zwar sehr einfach, aber die betreffende Lektion ist in der Praxis dennoch eine der schwierigsten. Jugendlichen fällt es nämlich sehr schwer, zielorientiert zu denken, vielleicht deshalb, weil ihr Leben von anderen Leuten bestimmt wird. Fragt man sie, warum sie etwas tun, antworten sie: „Weil ich muss.“ Der Gedanke, sich ein Ziel (oder Unterziel) zu setzen und dann auf das Ziel hinzuarbeiten, kommt ihnen sonderbar vor. Da sie nicht gelernt haben, effektiv zu handeln, wird sich daran wahrscheinlich während der ganzen Ausbildung nichts ändern. Selbst wenn sie sich auf eine Prüfung vorbereiten, folgen sie der „Routine-Rinne“, die andere gegraben haben – das ist eher eine Absicht als ein Ziel.

ZZ steht für „Ziele und Zwecke“ (engl. AGO = *Aims, Goals and Objectives*). Die feinen Unterschiede zwischen den beiden Begriffen wollen wir hier im Interesse des Werkzeugs ignorieren. In verschiedenen Situationen passt eines dieser Wörter besser als das andere, aber im Allgemeinen besteht die Aufgabe darin, Ziele zu setzen oder das richtige Ziel zu finden.

Wenn Sie mithilfe des ZZ die Ziele eines Autodesigners analysieren, könnte das Ergebnis so aussehen:

- Er richtet sich nach dem Trend und nach den Bedürfnissen des Marktes (und blickt dabei auch in die Zukunft).

- Er berücksichtigt die Preisspanne.
- Er denkt an Merkmale, die sich für die Werbung eignen.
- Er entwirft ein wirtschaftliches Auto.
- Er entwirft ein zuverlässiges Auto.
- Er entwirft ein auffälliges und gefälliges Auto.

Einige dieser Ziele enthalten Unterziele. „Wirtschaftlichkeit“ schließt zum Beispiel eine aerodynamische Form ein, die den Luftwiderstand verringert.

Formulieren Sie zur Übung die Ziele in folgenden Situationen:

1. Sie gründen ein kleines Geschäft. Wie lauten Ihre Ziele im ersten Jahr?
2. Eine Zeitung senkt den Verkaufspreis drastisch. Welches Ziel könnte dahinter stecken?
3. Welche Ziele sollte die Polizei im Umgang mit jugendlichen Straftätern verfolgen?
4. Welche Ziele verfolgt eine Schule?
5. Welche Ziele verfolgt die Feuerwehr, die einen Großbrand bekämpft?
6. Welche Ziele hat ein Journalist?

Ziele und Märkte

Wie die nächste Abbildung zeigt, kann ein Ziel nah oder fern, klein oder groß sein. Wenn ein Ziel groß und nah zugleich ist, treffen wir es leichter. Wir dürfen also nicht nur fragen: „Das ist mein Ziel – wie komme ich dorthin?“ Wir müssen auch das Ziel planen oder wechseln, damit wir es besser erreichen. Dimitri Comino, der Erfinder des sehr erfolgreichen geschlitzten Angeltrikots

„Dexion", erzählte mir, er habe seine Erfindung „nah" und „groß" zugleich geplant. Das Trikot hat so viele Anwendungsmöglichkeiten, dass es nicht schlimm ist, wenn es auf einem Teilmarkt keinen Erfolg hat.

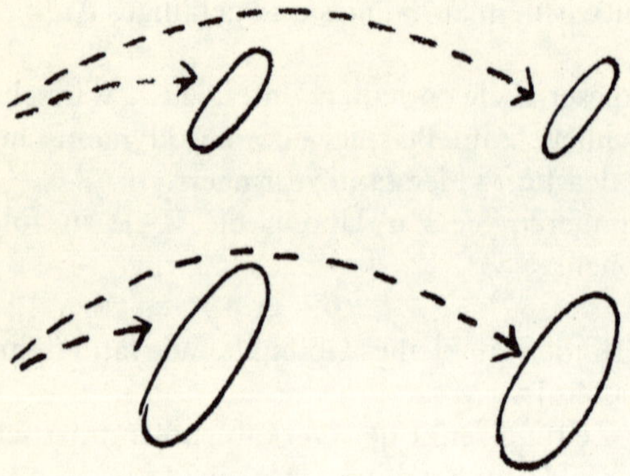

Wenn Sie Darts auf ein Dartboard werfen und Ihr Ziel unklar ist, wäre es vorteilhaft, wenn das Dartboard dem Pfeil entgegenkäme, so dass dieser genau in der Mitte landen würde. Das ist allerdings unwahrscheinlich. Wenn Sie ein Radio herstellen und hoffen, der Markt werde Ihrem Produkt „entgegenkommen", könnten Sie ebenfalls enttäuscht werden. Es ist viel besser, wenn Sie nach einem günstigeren Ziel suchen, also herausfinden, was der Markt haben will.

Strategie und Taktik

Ich habe bereits mehrfach das L-Spiel erwähnt, das ich als „einfachstes echtes Spiel" entworfen habe. Neuen Spielern fällt es schwer, die richtige Strategie zu finden, eben weil das Spiel so einfach ist. Im Großen und Ganzen besteht die Strategie darin:

- Leere Felder zu besetzen
- In der Nähe des gegnerischen L zu bleiben
- Mit den neutralen Steinen Reihen und Spalten zu blockieren
- Die Mitte zu beherrschen
- Sich den Ecken fern zu halten
- Den Gegner an den Rand zu drängen

Das sind allgemeine Richtlinien. Innerhalb dieser globalen Strategie muss man auch momentane Entscheidungen treffen. Das ist die Taktik. Eine Computerfirma verfolgt vielleicht die allgemeine Strategie, sich „an IBM anzuhängen“. Im Rahmen dieser breiten Strategie sind viele taktische Entscheidungen notwendig. Produkte, die auf unmittelbare Konkurrenz stoßen würden, sind zu meiden. Die Preise müssen vernünftig sein. Die Geschäftspolitik von IBM sollte vorweggenommen werden. Eine andere Firma will möglicherweise jene Kunden versorgen, denen absolute Verlässlichkeit wichtiger ist als das neueste Modell. Ein drittes Unternehmen spricht vielleicht Kleinbetriebe an und baut Computer, die den Kunden an die Firmenprodukte gewöhnen, so dass er sich auch für leistungsfähigere Geräte interessiert. In diesem Fall ist es schwierig zu entscheiden, ob es sich um Taktik oder um eine „Unterstrategie“ handelt. Wichtig ist, dass die Strategie die allgemeinen Ziele widerspiegelt und die momentane Taktik bestimmt.

Die Unternehmensstrategie ist in letzter Zeit zum Modethema geworden. In einer Welt des Wettbewerbs genügt es eben nicht, sich auf eine dominierende Stellung im Markt zu verlassen oder einfach nur schnell auf Mitbewerber zu reagieren.

Das richtige Vorgehen

Beim L-Spiel gibt es in jedem Augenblick so viele mögliche Züge, dass es nahezu unmöglich ist, die Folgen jedes denkbaren Zuges zu berechnen. Ein Ausweg besteht darin, sich von Gewinnpositionen aus „zurück" zu bewegen. Die meisten Gewinner (nicht alle) haben den Gegner in eine Ecke gedrängt. Wir dürfen also annehmen, dass wir das andere L blockieren können, wenn wir es in eine Ecke zwingen. Aber der Gegner lernt, dass er die Ecken scheuen muss. Also müssen wir uns einen Zug ausdenken, der ihm keine andere Wahl lässt. Das lernt er auch. Folglich denken wir uns einen Zug aus, der ihn in eine Position zwingt, aus der wir ihn in die Ecke drängen können, wo wir ihn blockieren. Im Grunde denken wir dabei „rückwärts".

Man kann den gleichen Prozess auch anders betrachten. Angenommen, Sie wollen nach Edinburgh fahren. Auch dann können Sie „rückwärts denken": Von Newcastle aus wäre das letzte Teilstück nach Edinburgh kein Problem mehr. Also ist Newcastle Ihr Ziel. Dann suchen Sie eine Stadt, von der aus Sie mühelos Newcastle erreichen können, und so weiter.

Die folgende Zeichnung illustriert dieses „Rückwärtsdenken":

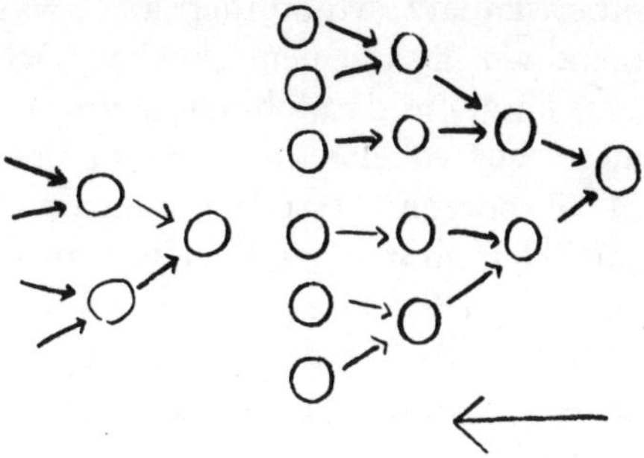

Das ist eine sehr wirksame Methode, um das richtige Vorgehen zu planen. Auf diese Weise finden wir sogar mehrere mögliche Vorgehensweisen und können dann prüfen, wie nahe wir den „Einstiegspunkten“ sind. Es ist allerdings nicht einfach, so zu denken, weil wir uns dabei anstrengen müssen und ein gutes Vorstellungsvermögen brauchen.

Die Punkte, von denen aus wir das endgültige Ziel erreichen können, werden ihrerseits zu Zielen. Wir verteilen unser Handeln also auf mehrere einfache Stadien. Das ist vielleicht nicht die effizienteste Methode (die Straße nach Edinburgh führt vielleicht an Newcastle vorbei), aber sie ist in Situationen effektiv, in denen das richtige Vorgehen nicht auf der Hand liegt.

Wenn-Kästchen

Diese Methode habe ich in meinem Buch *Chancen* beschrieben. Sie ist ein bequemes System, das uns hilft, die richtige Vorgehensweise zu finden, indem wir „Aktionskanäle“ von „Wenn-Kästchen“ trennen.

Ein „Aktionskanal" symbolisiert das, was wir tun können, sobald wir uns dazu entschließen. Der Kanal ist da, und nichts kann uns daran hindern, ihn zu benutzen. Angenommen, Sie wollen einen Freund bitten, Ihnen etwas Geld zu borgen. Dann kann nichts Sie daran hindern, zum Telefonhörer zu greifen und anzurufen.

Allerdings haben Sie keinen bestimmenden Einfluss darauf, ob er Ihnen das Geld gibt oder nicht. Immerhin können Sie Ihre Gründe überzeugend vortragen und Ihren ganzen Charme spielen lassen. Da Sie den Ausgang nicht selbst bestimmen können, haben Sie ein „Wenn-Kästchen". Sie müssen abwarten, was geschieht. Es hängt von Faktoren ab, die Sie nicht im Griff haben. Sie werden aufgehalten und können nicht wie geplant im Aktionskanal weitergehen.

Hier geht es darum, eine Vorgehensweise abzustecken, indem Sie sie in „Aktionskanäle" (die Ihnen freie Bahn geben) und (hinderliche) „Wenn-Kästchen" einteilen.

Nehmen wir an, Sie haben eine Geschäftsidee. Würde es sich lohnen, einen Kameraverleih (ähnlich dem Autoverleih) zu gründen? Potenzielle Kunden wären Leute, die in Urlaub fahren, malerische Orte besuchen wollen, ein Fest feiern und so weiter. Jetzt können Sie folgende „Karte" zeichnen:

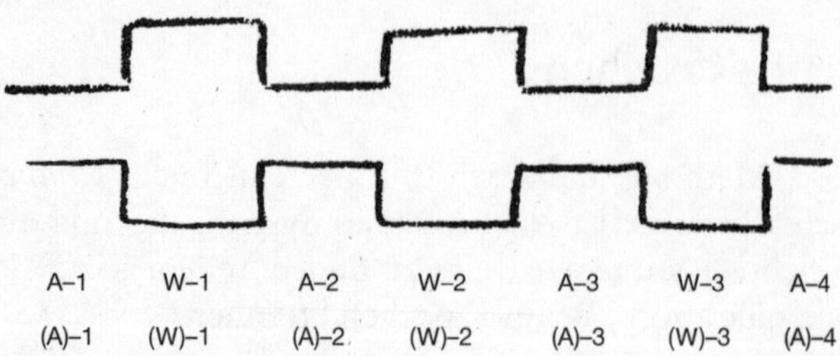

Die Buchstaben unten beziehen sich auf die Buchstaben auf der Karte:

A-1 Sie beantragen einen Bankkredit.
W-1 Wenn die Bank Ihnen das Geld gibt:
A-2 Sie zahlen für eine Marktstudie.
W-2 Wenn es einen Markt gibt:
A-3 Sie verhandeln mit einem Kamerahersteller über Sonderkonditionen.
W-3 Wenn die Firma sich darauf einlässt:
A-4 Sie suchen nach einem Ladengeschäft. Und so weiter ...

Vielleicht betrachten Sie jetzt die Abbildung und sind der Meinung, dass sie nicht die beste Vorgehensweise darstellt. Also entwerfen Sie eine neue Karte:

(A)-1 Sie suchen einen Laden in einem Urlaubsort.
(W)-1 Wenn Sie einen finden:
(A)-2 Sie mieten das Geschäft für eine Saison.
(W)-2 Wenn ein Test mit vermieteten Kameras gelingt:
(A)-3 Sie verhandeln mit einem Kamerahersteller.
(W)-3 Wenn Sie Sonderkonditionen bekommen:
(A)-4 Sie verhandeln mit einer Bank und legen aussagefähige Unterlagen vor.

Wahrscheinlich ist ein Besuch bei der Bank in diesem Stadium erfolgreicher als am Anfang, wenn Sie nur eine Idee im Kopf haben.

Die Karte mit den Wenn-Kästchen stellt immer das beste Szenario dar. Sie zeichnen also auf, was geschieht, wenn alles so läuft, wie Sie hoffen. Verästelungen gibt es nicht. Wenn Sie nach Alternativen suchen, zeichnen Sie einfach ein neues Diagramm.

Die Planung

In einer hektischen Welt sind fast alle Pläne falsch, weil sie auf der gegenwärtigen Situation basieren und derzeitige Trends fortschreiben. Das ist kein Grund, Pläne zu ignorieren, wohl aber eine Mahnung, sie flexibel zu gestalten. Wir sollten jederzeit auf einen Wandel der Verhältnisse vorbereitet sein.

Wir können einen Plan als „Hauptstrom“ betrachten, in dem bestimmte Maßnahmen zu bestimmten Zeiten getroffen werden müssen. In diesen Hauptstrom münden „Nebenströme“, nämlich Maßnahmen, die wir treffen müssen, damit der Hauptstrom weiterfließen kann. Dies zeigt die folgende Abbildung:

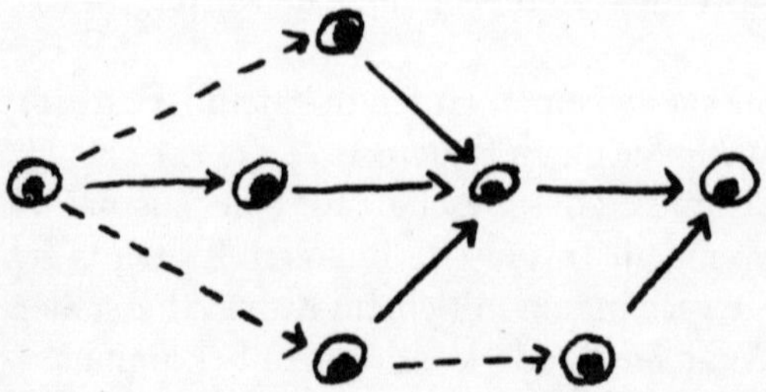

Natürlich kann es auch Punkte auf dem Hauptstrom geben, an denen wir etwas unternehmen müssen, damit die Nebenströme nicht stillstehen. Das deuten die unterbrochenen Linien an. Am Ende haben wir ein Diagramm, das bekannten Planungsmethoden in der Wirtschaft sehr ähnlich ist.

Ein Plan muss mögliche Veränderungen einschließen. Er sollte so flexibel sein, dass wir ihn auch dann weiter benutzen können, wenn die Umstände (z. B. der Kurs einer Währung) sich ändern. Wir brauchen also „Wechselpunkte“, an denen wir die Lage beurteilen und bei Bedarf die Richtung oder die Ziele wechseln. Wir brauchen „Monitorpunkte“, an denen wir analysieren, was derzeit geschieht. Außerdem muss klar sein, was wir innerhalb bestimmter Zeitspannen erreichen wollen, damit wir die Fortschritte beurteilen können. Und schließlich sollte der Plan „Stopp-Punkte“ haben, an denen wir ihn ganz aufgeben können (weil er schlecht war oder weil die Verhältnisse sich grundlegend geändert haben). Am wichtigsten ist, dass diese Aspekte in den Plan eingebaut werden – sie sind keine Methode, mit dem Plan umzugehen.

Das Terrain

Alle Maßnahmen spielen sich in der Zukunft ab. Wir können uns die Zukunft als Landschaft vorstellen, in der wir handeln. Dieses Terrain hat bestimmte Merkmale, die für unsere Maßnahmen wichtig sein können oder sie fördern oder behindern. Schauen wir uns diese Merkmale der Reihe nach an.

Menschen

Bestimmte Menschen müssen die vorgesehenen Maßnahmen planen oder billigen. Möglicherweise müssen wir delegieren, instruieren und kommunizieren. Menschen können uns helfen oder stören. Sie können neutral oder träge sein. Vielleicht hintertreiben, bekämpfen oder verzögern sie den Plan. Vielleicht müssen wir die logischen Blasen der Beteiligten untersuchen, um ihre Motive zu verstehen. Wichtig ist auch, die richtigen Leute für die Maßnahmen auszuwählen.

Risiken

Alle Maßnahmen bergen Risiken in sich, und wir kennen die Zukunft nie genau. Die Reaktion des Marktes auf ein Produkt ist beispielsweise unsicher, trotz aller Marktstudien. Das Verhalten der Regierung und der Mitbewerber können wir zwar vermuten, aber nie genau vorhersagen. Außerdem gibt es unbekannte Einflüsse wie Inflation, Wechselkurse, Rohstoffpreise und technische Neuerungen. Zudem drohen Gefahren, etwa Fehler in der Produktlinie oder Sicherheitsprobleme. Und wenn bestimmte Annahmen sich als falsch erweisen, ist die Liquidität gefährdet.

Zwänge und Einschränkungen

Es gibt gesetzliche Einschränkungen und Zwänge, die das Verteilungssystem betreffen. Auch die Zeit und die Preisspannen sind begrenzt. Es gibt vorübergehende und dauerhafte Einschränkungen. Ein Produkt, das entworfen wurde, ehe jemand Standards setzt (entweder der Hauptproduzent oder mehrere Marktteilnehmer durch Absprachen), kann unverkäuflich werden.

Ressourcen

Ressourcen liefern uns die „Energie“ und die Mittel zum Handeln. Dazu zählen Menschen, Geld, Zeit, Anstrengung, Motivation, technisches Know-how, Bereitschaft, die Marktposition und viele andere Aspekte.

Die Zukunft

Zum Schluss müssen wir mögliche künftige Szenarien entwerfen und dabei politische Veränderungen (etwa einen Regierungswechsel) berücksichtigen. Wichtig ist auch das zu erwartende Verhalten von Mitbewerbern, denn sie reagieren auf unsere Maßnahmen und verfolgen zudem ihre eigenen Pläne.

Geschäft und Alltag

Einige der in diesem Kapitel angesprochenen Themen gelten scheinbar mehr für das Geschäftsleben als für den Alltag. Das liegt daran, dass Handeln ein fundamentaler Aspekt des Geschäfts ist. Irgendetwas geschieht immer. Es gibt immer Pläne, Strategien und Ziele. Im täglichen Leben können wir uns recht gemütlich auch ohne bestimmte Ziele von einem Tag zum anderen treiben lassen. Wenn Sie sinnvoller leben wollen, fällt es Ihnen gewiss nicht schwer, aus diesem Kapitel diejenigen Elemente herauszupicken, die Sie auch im Alltag anwenden können, zum Beispiel die „Ziele und Zwecke“ oder die „Wenn-Kästchen“.

11
Bewusstes Denken

Da dieses Kapitel das letzte ist, möchte ich es so konzentriert und praktisch wie möglich präsentieren. Was können wir tun, um unser Denken zu einer praktisch nutzbaren Fähigkeit zu machen?

Vier Aspekte sind zu berücksichtigen. Um unsere Denkfähigkeit zu entwickeln müssen wir bewusst, konzentriert und selbstsicher denken und wir müssen am Denken Spaß haben.

Bewusst

Wir sollten in der Lage sein, unsere Denkfähigkeit jederzeit zu nutzen und auf jedes Thema oder jeden Aspekt eines Themas hinzulenken. Das soll nicht heißen, dass wir in der Zwischenzeit nicht denken. Das Denken hat auch einen „generellen Aspekt“, der immer gegenwärtig ist und auf den ich später eingehe. Hier möchte ich nur darauf hinweisen, wie wichtig es ist, dass wir unser Denken im Griff haben und *willentlich* einsetzen können.

Konzentriert

Ein ungeübter Denker hüpft meist von einem Punkt zum anderen oder lässt sich von einer Idee zur nächsten treiben. Er schwafelt viel und arbeitet ineffektiv. Solche Denker können sich oft nur dann konzentrieren, wenn sie Ideen anderer Leute angreifen. Konzentriertes Denken ist eine der schwierigsten Aufgaben überhaupt. Der Geist schweift gerne ab. Das kann nützlich sein, vor allem bei kreativen Tätigkeiten; aber es darf nicht zum Normalzustand werden. Beim ungeübten Denker löst ein Gedanke ein Gefühl aus, das dann die Einstellung bestimmt. Von da an folgt das Denken diesem Pfad, ohne das Thema wirklich zu erforschen.

Die in diesem Buch beschriebenen Denkwerkzeuge helfen uns, konzentriert zu denken. Sie können sich vornehmen, PMI oder ALM anzuwenden – und es tun. Der erste Schritt ist der Entschluss. Der zweite Schritt ist das Handeln. Im Grunde erteilen Sie sich einen Befehl.

Sie können Ihr Denken nach Belieben bündeln und sich beispielweise auf Fahrräder im Allgemeinen oder auf die Form einer Speiche konzentrieren – so wie Sie eine sehr generelle oder sehr spezifische Frage stellen können.

Selbstsicher

Unser Denken sollte selbstsicher sein. Jede Fähigkeit profitiert von Selbstsicherheit, Skifahren ebenso wie Tennis. Es besteht jedoch ein großer Unterschied zwischen Selbstsicherheit und Arroganz. Wenn Sie sicher sind, dass Sie immer Recht haben, dass Sie besser denken als alle anderen, dass es keinerlei Alternativen gibt, dann sind Sie arrogant. Wie bereits erwähnt, ist Arroganz die größte Sünde des Denkens – weil sie das Denken verhindert. Ein selbstsicherer Denker muss kein brillanter Denker sein, denn Selbstvertrauen hat nichts mit dem Wert des Denkens zu tun. Es sagt uns nur, wie wir etwas tun. Ein selbstsicherer Fahrer in einem Kleinwagen kann selbstsicher fahren. Vielleicht fährt er ziemlich langsam. Er kennt die Grenzen seiner Fähigkeiten, aber er nutzt diese Fähigkeiten selbstsicher.

Ein selbstsicherer Denker muss nicht beweisen, dass er Recht und der andere Unrecht hat. Für ihn ist Denken eine praktische Fähigkeit, kein Balsam für das Ego. Ein selbstsicherer Denker ist bereit, anderen zuzuhören. Er ist bereit, sein Denken zu verbessern und neue Ideen zu übernehmen oder seinen Standpunkt zu wechseln. Ein selbstsicherer Denker ist bereit, über etwas nachzudenken. Und wenn er noch keine Antwort hat, räumt er das ein.

Ein selbstsicherer Koch ist imstande, Fehler zu machen und aus ihnen zu lernen.

Spaß

Wenn wir eine Arznei nur nehmen, solange wir krank sind, wird sie uns vermutlich nie schmecken. Wenn wir nur denken, um unlösbare Probleme zu lösen, dann werden wir wahrscheinlich nie Spaß am Denken haben. Freude am Denken muss nicht heißen, dass wir Rätsel, Spiele und Denksportaufgaben mögen. Daran bin ich selbst nicht sonderlich interessiert. Es geht eher darum, dass wir imstande sind, an verschiedene Dinge zu denken – dass wir Ideen haben, etwas ausarbeiten und an Diskussionen teilnehmen können. Eine Diskussion ist langweilig, wenn jede Partei nur versucht, ihren Standpunkt durchzusetzen. Es macht größeren Spaß, wenn jede Partei das Thema erforscht, so dass zum Schluss beide Parteien neue Ideen und stimulierende Gedanken haben.

Kinder denken gerne. Ein Jugendlicher in Venezuela, der bisher fast immer die Schule schwänzte, überredete seine Eltern, nicht in Urlaub zu fahren, weil er seinen Denkkurs nicht versäumen wollte. Auch Erwachsene können Spaß am Denken haben, wenn ihr Ego nicht bedroht wird und wenn eine formelle Struktur sie zum Denken ermutigt. Darum habe ich vorgeschlagen, „Denk-Clubs“ zu gründen, die einen Rahmen anbieten, in dem Menschen ihr Denken effektiv nutzen können, um knifflige Aufgaben zu lösen. Darauf gehe ich weiter unten noch ein.

Wir denken nicht nur in ernsten und feierlichen Situationen. Denken kann auch spekulativ sein und Freude bereiten: „Was würde geschehen, wenn ...“ Wir können Ideen entwickeln, Ideen erforschen, mit Ideen spielen. Wir sollten nicht nur denken, um verzweifelt zu beweisen, dass wir Recht haben. Wenn Sie nur denken, um anderen Ihre Meinung aufzudrängen, bekommen Sie nie mehr, als Sie bereits am Anfang hatten. Recht haben ist im Grunde sehr langweilig.

Das Selbstbild

Das ist der wichtigste Punkt von allen. Ich habe ihn am Anfang des Buches erwähnt und möchte hier noch einmal darauf hinweisen. Das Selbstbild „Ich bin intelligent“ oder „Ich bin kein Intellektueller“ ist ein Wertbild, das verteidigt wird. Im ersten Fall ist das Denken nur eine

Methode, um zu zeigen, wie schlau man ist. Im zweiten Fall wird das Denken vermieden, weil es als „langweilig“ gilt. Das Selbstbild „Ich bin ein Denker“ ist etwas ganz anderes. Es ist kein Wertbild, sondern ein praktisches Bild. Die Fähigkeit, Tennis zu spielen, können wir durch Aufmerksamkeit und Training verbessern. Der Spieler genießt das Spiel, auch wenn er nicht der Beste der Welt oder auf dem Platz ist. Das Gleiche gilt für das Selbstbild „Ich bin ein Denker“. Es bedeutet, dass ich *versuchen* kann, über Dinge nachzudenken, dass es mir Spaß macht, dass ich meine Denkfähigkeit verbessern will.

Wenn ich mit all meiner Arbeit, einschließlich dieses Buches, nichts weiter erreichen würde als einen Wechsel zum Selbstbild „Ich bin ein Denker“, wäre ich glücklich. Die Methoden und Erläuterungen sind zweitrangig.

Zeitliche Disziplin

Wir reden gern davon, dass das Denken frei sein muss. Insofern ist es paradox, dass eine strenge zeitliche Disziplin nicht nur die Effektivität des Denkens, sondern auch die Freude daran fördert. Sie können selbst festlegen, ob Sie 30 Sekunden, eine Minute oder fünf Minuten an etwas denken. Im CoRT-Kurs an Schulen legen wir großen Wert darauf, dass die Teilnehmer nur zwei bis vier Minuten an etwas Bestimmtes denken.

Dafür gibt es viele Gründe. Erstens wird das Denken dadurch bewusster und konzentrierter. Der Denker schaltet sein Denken ein und arbeitet damit. Er konzentriert sich unmittelbar auf die Aufgabe. Mit der Zeit fällt es ihm viel leichter, klar zu denken. Noch wichtiger ist die Freiheit, die uns eine strikte zeitliche Disziplin schenkt. Sie befreit das Denken von Belastungen und vom Stress.

Wir müssen nicht so lange denken, bis wir ein Problem gelöst oder eine wundervolle Antwort gefunden haben, sondern nur zwei Minuten lang. Das ist die ganze „Aufgabe“. Wir wissen, dass wir dann aufhören dürfen zu denken – einerlei, ob uns etwas eingefallen ist oder nicht. In der Praxis ist es überraschend, wie effektiv diese zeitliche Disziplin die Angst vor dem Denken beseitigt. Zuerst machen die Leute sich Sorgen, wenn ihnen in der kurzen Zeit keine großartige Idee gekommen ist. Wenn sie weiter üben, verstehen sie, dass es darum nicht geht. Der Zweck der Übung besteht darin, dass sie während einer bestimmten Zeitspanne ihre Denkfähigkeit nutzen – unabhängig vom Ergebnis.

Nach einiger Übung sind selbst 30 Sekunden des Denkens eine lange Zeit. Es wird ja behauptet, dass komplexe Träume nur zwei Sekunden lang dauern.

Die Ernte

Auch das ist ein sehr wichtiger Punkt. Wenn Sie glauben, es sei ein Erfolg, andere zu widerlegen, ein Rätsel zu lösen, eine Antwort auf ein Problem zu finden oder eine brillante Idee zu haben, dann werden Sie wahrscheinlich gar nicht versuchen zu denken. Auf jeden Fall werden Sie nicht versuchen, ein paar Minuten zu denken. „Ernten“ ist das Gegenstück zur zeitlichen Disziplin. Ich benutze das Wort wie in der Landwirtschaft, wo man darunter das Einbringen von Äpfeln, Weizen oder anderen Feldfrüchten versteht. Hier geht es um die Ernte von Gedanken und Ideen. Wir werden uns dessen, was wir erreicht haben, selbst in einer kurzen Denksitzung bewusst. Ist uns ein Punkt klarer geworden? Haben wir gemerkt, dass eine bestimmte Idee uns blockiert? Haben wir einen

Vorschlag zu machen oder einige Alternativen gefunden? Haben wir irgendeinen Aspekt als Problem identifiziert, über das wir genauer nachdenken müssen?

Einfühlsames Ernten bedeutet, sich des Erreichten genau bewusst zu sein. Irgendetwas erreichen wir immer; aber wir müssen uns darüber im Klaren sein. Der Kommentar „Ich bewege mich nur im Kreis herum" ist bereits ein großer Erfolg: Wir haben eine Situation identifiziert, die uns hemmt.

Denken Sie zur Übung jeweils 30 Sekunden lang über die folgenden Themen nach. Schreiben Sie dann auf, was Sie Ihrer Meinung nach dabei „geerntet" haben.

1. Busse
2. Steuern zahlen
3. Manieren
4. das Wetter
5. Weihnachten
6. eine Armbanduhr
7. Kaninchen

Dies ist eine echte „Ernte-Übung". Später gehe ich noch darauf ein, wie man Denkaufgaben erstellt.

Nachdenken über das Denken

Ein geschulter Denker hat zwei Fähigkeiten:

1. Er kann über das Thema nachdenken.
2. Er kann über das *Denken* nachdenken.

Es ist wenig üblich, über das Denken nachzudenken; aber das ist ein wichtiger Teil der Denkfähigkeit. Ein Golfspieler denkt über seine Schläge nach. Ein Tennisspieler denkt über seine Rückhand oder seinen Service nach. Dieses „Zurücktreten“, um sich selbst in Aktion zu sehen – fast wie ein Außenstehender –, ist sehr bedeutsam, wenn wir unser Denken entwickeln wollen. Ein Denker sollte sich angewöhnen, über sein Denken nachzudenken. Er sollte imstande sein, sein Denken in diesem Augenblick zu überprüfen und auf sein Denken zurückzublicken. Und er sollte in der Lage sein, über das Denken nachzudenken, das er demnächst anwenden will.

Ein Denker muss auch fähig sein, über das Denken anderer Leute und über eine „allgemein übliche Denkweise“ nachzudenken. Wer das Denken anderer untersucht, sollte es jedoch nicht kritisieren oder angreifen. Es geht darum herauszufinden, wie der andere denkt, so wie ein Vogelbeobachter Vögel beobachtet. Je besser wir dabei werden, desto größer wird die Faszination.

Wenn wir über das Denken nachdenken, gibt es vieles, worauf wir achten müssen: Blockaden, wiederkehrende Ideen, emotionale Aspekte, Schwierigkeiten beim Finden von Alternativen, Lücken, andere Standpunkte, die Wahrscheinlichkeit einer Lösung, kritische Punkte, einen Anfangspunkt finden und so weiter.

Es ist eine nützliche Übung, ein ganzes Repertoire solcher Beobachtungen zu notieren. Nur wenn Sie einen Vorrat davon angelegt haben, können Sie das Denken „beobachten“. Wenn Sie beispielsweise wissen, dass manche Wörter Werturteile sind, können Sie danach suchen. Sobald Sie über den Umgang mit solchen Begriffen Bescheid wissen, fallen Sie ihnen eher auf.

Der ZEK-Rahmen

Dies ist eine sehr einfache Struktur, die uns hilft, bewusst und konzentriert zu denken. Der ZEK-Rahmen (engl. *TEC framework*) ist Teil des „Fünf-Minuten-Denkens", auf das ich später eingehe. Hier verwenden wir ihn in einem allgemeineren Sinne.

Z steht für **Ziel** und **zu lösende Aufgabe** (engl. *target and task*).

Das Ziel ist das präzise, konzentrierte Denken. Wenn wir Schuhe anschauen, konzentrieren wir uns auf die Absätze oder den Stil oder auf den Unterschied zwischen dem rechten und dem linken Schuh. Wie bereits erwähnt, kann das Ziel so allgemein oder speziell sein, wie Sie wünschen. Vielleicht haben Sie in einer früheren Denklektion ein präzises Ziel definiert.

Die Aufgabe kann ein „Rückblick" sein – Sie prüfen, wie Sie etwas getan haben und wie Sie es besser machen können. Es kann darum gehen, Fehler zu finden und zu korrigieren. Es kann darum gehen, Probleme zu lösen. Und es kann eine kreative Aufgabe sein: „Könnte etwas anderes die Funktion des Absatzes übernehmen?" oder „Wie kann man Absätze verbessern?"

Auch jedes in diesem Buch beschriebene Denkwerkzeug kann die Aufgabe sein. Sie können sich zum Beispiel die Aufgabe stellen, F&K oder ZZ zu praktizieren.

Wichtig ist, dass Sie das Ziel und die Aufgabe genau definieren.

E steht für **expandieren** und **erkunden** (engl. *expand and explore*).

Das ist die Eröffnungsphase. Sie können dafür Techniken des lateralen Denkens benutzen, etwa das Zufallswort oder die Provokation. Sie können auch alle Faktoren anhand eines BAF untersuchen. Sie können Ihre Erfahrungen mit dem PMI durchforsten. Sie können die Situation analysieren. Und Sie können versuchen, vertraute Muster zu abstrahieren.

In diesem Stadium öffnen Sie die Tür, füllen die Karte aus, erforschen das Terrain. An diesem Punkt ist ein gewisses Abschweifen erlaubt, ähnlich wie bei den unbeliebten Schulaufsätzen: „Schreib alles auf, was du über ... weißt."

Die Expansion ist positiv und ungehemmt. Wir versuchen nicht, Ideen zu beurteilen oder die beste Idee zu finden. Wir nehmen Informationen und Ideen auf. Hier ist „Fülle" entscheidend.

K steht für **kontrahieren** und einen **klaren Abschluss finden** (engl. *contract and conclude*).

Dies ist die kontrahierende, eingrenzende Phase. Jetzt versuchen Sie, in dem, was Sie haben, einen Sinn zu finden. Sie bemühen sich um einen klaren Abschluss. Das kann eine Lösung, eine kreative Idee, eine weitere Alternative oder eine Meinung sein. Jetzt dürfen Sie planen, entwerfen und urteilen. Die Vollendung ist das Ergebnis des Denkens, nicht nur eine Zusammenfassung. Worauf führt das hinaus? Was bedeutet das alles in allem? Wie lautet das Ergebnis? Was ist dabei herausgekommen? Eine „Vollendung" ist auf drei Ebenen möglich:

1. Sie kann eine spezifische Antwort, Idee oder Meinung sein.
2. Sie kann eine „volle Ernte“ all dessen sein, was Sie erreicht haben, einschließlich zum Beispiel einer Liste aller analysierter Ideen.
3. Sie kann eine objektive Bewertung des Denkprozesses sein.

Selbst wenn Sie die erste Ebene nicht schaffen, müssten Sie etwas auf der zweiten und dritten erreicht haben.

Sie können mit einem einfachen ZEK an jedem Punkt beginnen, um sich zu konzentrieren, eine Aufgabe zu formulieren, expansiver zu werden, einzugrenzen oder abzuschließen.

Das Fünf-Minuten-Denken

Dies ist ein formelles Grundgerüst, das strikte Disziplin erfordert.

Das Timing sieht so aus:

- Eine Minute Ziel und Aufgabe festlegen
- Zwei Minuten expandieren und erforschen
- Zwei Minuten kontrahieren und einen klaren Abschluss finden

Vielleicht halten Sie fünf Minuten für eine sehr kurze Zeit. Sie haben Recht, wenn Sie nur flüchtig denken. Wenn Sie jedoch konzentriert denken, sind fünf Minuten überraschend lang. Anfangs wird vielen Gruppen das Denken knapp, ehe die Zeit knapp wird.

Diese Übung können Sie allein oder in einer Gruppe machen. Eine Gruppe sollte nicht mehr als fünf Mitglieder haben, sonst hat das einzelne Mitglied zu wenig von der Übung.

Die zeitliche Disziplin ist so wichtig, weil sie hier die einzige Form von Disziplin ist und weil sie die Konzentration fördert. Oft entscheidet der Denker sich für ein Ziel und eine Aufgabe, bevor die erste Minute um ist. Dann ist er versucht, rasch zur nächsten Stufe überzugehen. Das ist falsch. Der Grund für die strenge zeitliche Disziplin ist, dass viele Denker versucht sind, sich im ersten Teil zu beeilen, damit ihnen mehr Zeit für den zweiten bleibt. Die Folge ist, dass der erste Teil, der trügerisch einfach ist, nicht die erforderliche Aufmerksamkeit erhält. Nutzen Sie also die erste Minute voll aus.

Das nachfolgende Fünf-Minuten-Denken ist nur ein Beispiel. In der Praxis werden die Gedanken allerdings nicht aufgeschrieben.

Ziel und zu lösende Aufgabe (eine Minute)

- Ein neues Telefon-Design
- Einige Fehler verbessern
- Zusätzliche Funktionen
- Neue Art Telefonservice
- Konzentration auf einen wichtigen Nachteil
- Hauptnachteil sind vielleicht Unterbrechungen durchs Telefon
- Möglichkeiten, diesen Nachteil zu beseitigen

Die Aufgabe lautet also: Wie kann man ständige Unterbrechungen durch das Telefon verhindern?

Expandieren und erforschen (zwei Minuten)

- Man kann einen Anrufbeantworter benutzen.
- In Japan gibt es einen Anrufbeantworter für normale Anrufer, während besondere Anrufer eine Geheim-

nummer bekommen, mit der sie die gewünschte Person erreichen.

- Eine Sekretärin könnte sagen, ich sei in einer Besprechung.
- In den USA gibt es ein Voice-Mail-System. Das ist im Wesentlichen ein Einwegtelefon, durch das Anrufer eine Nachricht hinterlassen können. Ich öffne die Mailbox, so oft ich will, dann rufe ich zurück und hinterlasse eine Nachricht in der Mailbox des Anrufers. Hier ist das Telefon kein „Echtzeitsystem" mehr.
- Ein spezieller Klingelton – noch besser eine Lampe – zeigt mir, ob der Anruf dringend ist. Allerdings behaupten dann alle Leute, ihr Anliegen sei dringend. Das mag aus ihrer Sicht zutreffen, aber ich bin oft anderer Meinung. Woran merke ich, ob ein Anruf wirklich wichtig ist? Ein kleiner Ausdruck, der festhält, wer aus welchem Grund angerufen hat, könnte hilfreich sein. Die gleiche Aufgabe würde ein Monitor erfüllen. Möglicherweise gibt es das schon für Gehörlose.
- Man könnte anhand dieser Liste entscheiden, ob man zurückruft oder nicht. Das ist bequemer und schneller als das Abhören eines Tonbandes. Aber alle bräuchten entweder eine Tastatur oder ein Gerät, das gesprochene Wörter schreibt. Ein einfaches Faxgerät würde ebenfalls helfen.

Kontrahieren und einen klaren Abschluss finden (zwei Minuten)

- Es wäre schön zu wissen, wer anruft und was er will. Eine Sekretärin kann das herausfinden; aber es würde sie und mich dennoch Zeit kosten.
- Ein Ausdruck oder ein Monitor wären besser. Wenn ich sehr beschäftigt bin, würde ich den Text erst später

lesen. Wenn ich mehr Zeit hätte oder der Anruf wichtig wäre, könnte ich den Hörer sofort abnehmen.
- Natürlich kann ich die Leute auch bitten, ein Fax zu schicken, anstatt zu telefonieren.
- Wenn es einen „Telefondrucker“ für Gehörlose gibt, könnte man diesen verbessern. Allerdings bräuchte der Sender dann eine Tastatur. Wie könnte man das umgehen? Vielleicht könnte er einen speziellen Code benutzen und dann ganz normal Ziffern wählen. Dann könnte er das gewöhnliche Telefon verwenden.

Schlussfolgerung: Am nützlichsten wäre ein kleiner Drucker, den man an jedem Telefon anbringen und von jedem anderen Telefon aus in Gang setzen kann, indem man wie bisher Ziffern wählt.

Rückblick auf den Denkprozess: Das Problem finden und lösen

Konzentrieren Sie sich auf ein bestimmtes Problem (es geht auch anders, aber die Methoden sind nicht gut genug). Stellen Sie sich eine „Ideallösung“ vor, und überlegen Sie, wie man diese in die Tat umsetzen kann. Entwickeln Sie die Idee, und befassen Sie sich dann mit einer Schwäche. Finden Sie einen Weg, die Schwäche zu beseitigen. Das Ergebnis ist eine Produktidee, die das Telefon verbessert.

Das obige Beispiel kommt zu einer klaren Lösung. Das ist nicht immer der Fall. Am Ende des Fünf-Minuten-Denkens kann auch das Gefühl vorherrschen, dass das Thema schwierig ist oder dass Sie ein klareres Ziel setzen müssen. Dann können Sie in der Expansions- und Erforschungsphase eine Vorgehensweise entwickeln oder ein Problem definieren, das Sie dann in einer anderen Phase erörtern. Wichtig ist, dass das Ergebnis klar ist. Aber es gibt viele mögliche Ergebnisse. Es genügt, dass Sie etwas erreicht haben, und es wäre unrealistisch zu erwarten, dass Sie das gesamte Problem in fünf Minuten lösen können.

Setzen Sie sich nicht unter Zeitdruck. Wenn die Zeit knapp wird, ist das Ziel zu unscharf. Sie können das Fünf-Minuten-Denken auch mit demselben Ziel wiederholen. Ich rate allerdings davon ab, das sofort zu versuchen, weil Sie dann in Versuchung geraten, einige Male nur drei Minuten zu denken. Dann verfehlen Sie den Zweck der Übung.

ZEK-Symbole

Die Abbildung unten stellt das ZEK symbolisch dar. Sie können die Symbole auch einzeln benutzen, damit Sie daran denken, sich zu konzentrieren, zu expandieren oder zu kontrahieren. Man kann die Symbole zum Beispiel an den Rand eines Berichts zeichnen.

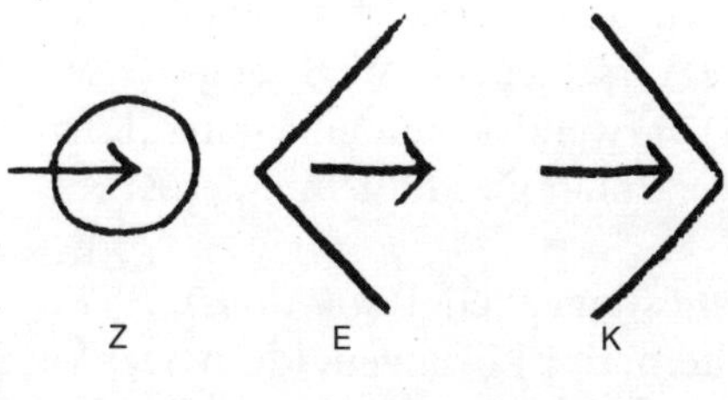

Denken Sie mithilfe des ZEK fünf Minuten über folgende Themen nach (Sie können die Aufgaben auch abändern):

1. Wie kann die Schule interessanter werden?
2. Wie kann die Arbeitslosigkeit verringert werden?
3. Wie kann die Zahl der Einbrüche verringert werden?

4. Wie kann man die Menschen umweltbewusster machen?
5. Wie gewinnt man neue Freunde?
6. Wie könnte eine neue Art von Party aussehen?

ZILED

ZILED (engl. PISCO) bietet eine vollständige Struktur. Sowohl ZEK als auch ZILED beschreibe ich im Teil IV des *CoRT Thinking Programme* genauer.

Z steht für Zweck (engl. *purpose*).
Was ist der Zweck des Denkens? Was erwarten Sie davon? Warum denken Sie? Dieser Punkt gleicht dem Z beim ZEK; aber hier überlegen Sie gründlicher, warum Sie überhaupt denken.

I steht für Input.
Gemeint ist der Input der Informationen, Erfahrungen und sonstigen Bestandteile des Denkens. In dieser Phase können Sie verschiedene Werkzeuge (etwa BAF, F&K oder ALM) verwenden, um eine gute „Karte" zu entwickeln. Dieser Punkt gleicht dem E des ZEK.

L steht für Lösungen (engl. *solutions*).
Das sind alternative Lösungen, Ideen oder Vorgehensweisen. Das Wort „Lösung" deutet ein Problem an, aber in diesem Fall sind nur konkrete Alternativen gemeint. In diesem Sinne ist das L eine Kontraktion wie beim ZEK.

E steht für Entscheidung oder Wahl (engl. *choice*).
Hier wählen Sie zwischen den Alternativen, die sich im Stadium L aufgetan haben. Es findet also eine Entschei-

dung oder Evaluation statt, an deren Ende eine Alternative übrig bleibt. Das Kapitel über Entscheidungen kann Ihnen dabei helfen.

D steht für Durchführen (engl. *operation*).
Jetzt wird gehandelt. Sie setzen die gewählte Alternative in die Tat um. Welche Schritte sind zu unternehmen? In welchen Stadien?

ZILED-Symbole

Folgende Symbole stehen für die Phasen des ZILED:

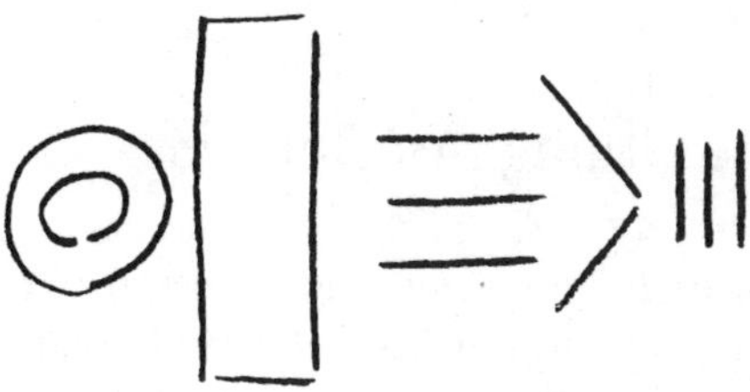

Z I L E D

Denken Sie mithilfe des ZILED über folgende Themen nach:

1. Straßen säubern
2. Alte Leute versorgen
3. Geld für wohltätige Zwecke sammeln
4. Einen Urlaub planen
5. Ein Poster für ein Theaterspiel entwerfen
6. Einen Denk-Club gründen

ZEK-ZILED

Sie können beide Strukturen kombinieren. ZEK ist allgemeiner. ZILED erweitert die Phasen und ist nützlicher, wenn Sie über ein echtes Problem oder ein schwieriges Thema nachdenken. Eine zeitliche Begrenzung für die Phasen gibt es hier nicht. Machen Sie sich aber bewusst, in welcher Phase Sie sich befinden. Sie können an jedem Punkt des ZILED-Prozesses einen Aspekt identifizieren, über den Sie gründlicher nachdenken müssen, und sich dann mithilfe des ZEK darauf konzentrieren.

Für allgemeine Zwecke und zum Üben reicht das ZEK aus, und Sie können auf das umfangreichere ZILED verzichten.

Bewusste Übung des Denkens

Wir lernen nicht nur schwimmen, wenn wir ertrinken. Und wir lernen nicht nur deshalb schwimmen, damit wir nicht ertrinken. Das Schwimmen erfüllt zwar diesen Zweck, aber wir schwimmen auch zum Spaß. Das Gleiche gilt für das Denken. Wir können unsere Denkfähigkeit entwickeln, damit wir sie selbstsicher anwenden können, wann immer wir sie brauchen. Wir können sie auch deshalb üben, weil wir Freude daran haben. Skifahrer erlernen diesen Sport nicht nur, um sich im Schnee fortbewegen zu können, sondern auch, weil es ihnen Spaß macht – auch das Üben. So kann es auch beim Denken sein; aber wie beim Skifahren gibt es eine Phase, in der scheinbar nichts geschieht und keine Fortschritte erkennbar sind. Beim Denken ist das die Phase, in der das Denken noch mit dem Ego verknüpft ist und der Denker beweisen will, dass er Recht hat, oder in jeder Sitzung alle Probleme der Welt lösen will.

Wer sich nicht für Vögel interessiert, versteht nicht, was ein Vogelbeobachter tut. Er sieht nur ein paar herumhüpfende, ganz gewöhnliche Vögel. Bevor wir in einem Fachgebiet Muster entdecken, müssen wir ein wenig Verständnis entwickeln; erst dann kann ein Gebiet faszinierend werden. Darum lohnt sich das Denken. Auch das Denken fasziniert uns erst, wenn wir ein wenig geübt und beobachtet haben.

Denk-Clubs

Das Denken wird bereits an mehreren Schulen gelehrt, die den CoRT-Denkkurs (herausgegeben von Perfection Learning, USA) verwenden. Wer die Schule bereits abgeschlossen hat oder eine Schule besucht, die diesen Kurs nicht benutzt, verfügt über keinen formellen Rahmen, um die allgemeinen Denkfähigkeiten zu schulen, die ich in diesem Buch erörtere. Um einen solchen Rahmen zu schaffen, schlage ich vor, „Denk-Clubs“ zu gründen, in denen kleine Gruppen von Menschen gemeinsam, bewusst und konzentriert anhand bestimmter Themen das Denken üben.

In einem besonderen Kapitel am Ende des Buches gebe ich dazu genauere Hinweise.

Allgemeine Denkfähigkeiten

In diesem Kapitel habe ich mich auf die bewusste Anwendung des Denkens in einer bestimmten Situation zu einer bestimmten Zeit konzentriert. Der andere Aspekt des Denkens wird deutlich, wenn einige Gewohnheiten, Einstellungen und Strategien zu unserer „zweiten Natur“ werden. Einerseits können wir uns zu einem Fünf-Minuten-Denken hinsetzen; andererseits können wir unsere Denkfähigkeit in jeder Situation ohne bewusste Anstrengung automatisch anwenden. Letztlich brauchen wir beides: die allgemeinen Denkfähigkeiten als zweite Natur und die Fähigkeit, sich formell auf ein Thema zu konzentrieren. Die formelle Phase ist allerdings sehr wichtig, solange bestimmte Denkfähigkeiten noch nicht zu unserer zweiten Natur geworden sind.

Um die allgemeinen Denkfähigkeiten zu entwickeln und zu unserer zweiten Natur zu machen, müssen wir in irgendeinem Stadium die Prozesse formell und bewusst eingeübt haben. Andernfalls werden diese „Ausführungsideen“ kein Teil des Denkens. Ohne formelles Üben fallen wir in die alten Vorsätze zurück: „Ich bin intelligent und halte mich für einen denkenden Menschen – also muss ich nichts mehr einüben. Außerdem bin ich aufgeschlossen und bereit, anderen zuzuhören.“ Diese vagen Absichten entwickeln unsere Denkfähigkeit niemals vollständig.

Zu den Gewohnheiten, die eines Tages ein Teil unseres allgemeinen Denkens werden können, gehören unter anderem:

- Einsicht in die Bedeutung des Wahrnehmens und die Natur der Wahrnehmung als Muster bildendes und Muster benutzendes System
- Die instinktive Neigung, nach Alternativen zu suchen – nicht nur, wenn eine klare Notwendigkeit dafür besteht, sondern auch, wenn keine Alternative erkennbar ist
- Eine Abneigung gegen arrogantes Denken

- Eine Abneigung gegen negatives Denken und eine Vorliebe für Exlektik statt für Dialektik; das negative Denken ist eine der einfachen, billigen Arten des Denkens
- Die Bereitschaft, sich die Ideen anderer anzuhören; die Gewohnheit, an ALM und logische Blasen zu denken
- Die Gewohnheit, in einer Auseinandersetzung EBS und EUI zu nutzen; die Fähigkeit, in solchen Situationen Werte unter die Lupe zu nehmen
- Die Erkenntnis, dass Gefühle und Werte für das Denken wichtig sind, dass ihnen das wahrnehmende Denken jedoch vorausgehen sollte
- Eine umfassende Prüfung der Situation vor einer Schlussfolgerung; dabei helfen PMI, BAF und F&K
- Die Fähigkeit zu entscheiden
- Die Fähigkeit, Ziele und Unterziele zu setzen und das praktische Handeln zu planen
- Die Fähigkeit, Ideen wegen ihres „Bewegungswertes“ zu nutzen, und die Fähigkeit, sich Provokationen auszudenken und sie bewusst einzusetzen
- Einsicht in das laterale Denken und die Bereitschaft zum Musterwechsel – selbst wenn er nicht zum Erfolg führt; der Mut, Techniken wie die „Zufallsmethode“ zu benutzen, wenn Ideen benötigt werden
- Die Fähigkeit, auf formelles, konzentriertes Denken umzuschalten
- Eine Vorliebe für Effektivität und Handlungsdenken
- Die Einsicht, dass Denken eine Fähigkeit ist, und das Selbstbild, ein Denker zu sein

Formell und informell

Müssen wir die in diesem Buch vorgestellten Werkzeuge und Instrumente in jeder Situation formell und explizit anwenden? Oder werden sie zu unserer „zweiten Natur?“

Im Laufe der Jahre hat sich gezeigt, dass die Werkzeuge am wirksamsten sind, wenn wir sie bewusst, formell und explizit benutzen. Das ist keine Überraschung. Formelle mathematische Prozesse führen zu Ergebnissen, wenn man sie formell und bewusst verwendet.

Wenn Sie über ein Thema nachdenken müssen – allein oder in einer Gruppe –, sollten Sie daher nicht zögern, die Denkwerkzeuge formell und bewusst einzusetzen.

Es gibt jedoch Situationen, in denen wir keine Zeit haben, die Werkzeuge formell anzuwenden. In solchen Fällen wenden wir sie informell an. Wenn wir beispielsweise PMI bewusst und formell üben, fällt es uns leichter, eine Situation objektiv zu beurteilen, selbst wenn wir PMI nicht explizit anwenden.

Dennoch ist die formelle Anwendung der Werkzeuge nicht nur ein Stadium auf dem Weg zur automatischen und informellen Anwendung. Der formelle Einsatz bleibt immer der effektivste.

Viele sehr kreative Menschen, die das laterale Denken bewusst und formell anwenden, haben mir berichtet, dass ihnen dann viel bessere Ideen kommen. Das entspricht meiner eigenen Erfahrung.

12
ZUSAMMENFASSUNG

Was ich in diesem Buch geschrieben habe, basiert auf langjähriger Erfahrung. Ich habe Menschen unterschiedlichen Alters, mit unterschiedlichen Fähigkeiten und aus unterschiedlichen Kulturen im praktischen Denken unterrichtet. Es ist verführerisch, sich in eine Ecke zu setzen und zu analysieren, was Denken sein soll, um das Ergebnis dann als effektiven Denkunterricht vorzustellen. Das kann dem Denkunterricht großen Schaden zufügen.

Ein Aspekt des Denkunterrichts ist die Notwendigkeit, gewisse Missverständnisse auszuräumen und einige Gewohnheiten abzulegen. Wir dürfen beispielsweise das Denken nicht einfach als „Intelligenz in Aktion" betrachten. Wir müssen darin eine *Fähigkeit* sehen, die jeder Mensch entwickeln kann. Wir müssen uns der „Intelligenzfalle" bewusst sein. Wir müssen das Selbstbild „Ich bin ein Denker" fördern.

Wir müssen uns auch darüber im Klaren sein, dass wir im Westen zur Konfrontation, zur Kritik und zur Dialektik neigen. Wir müssen dem negativen Denken als einem Teil des Denkens den Platz zuweisen, der ihm gebührt: *nach* dem kreativen, konstruktiven und planenden Denken.

Wir müssen unsere Vorstellungen vom Denken und Handeln ändern. Um das zu erreichen, brauchen wir ein Konzept wie „Handlungsdenken", das dem Denken im Handeln einen höheren Stellenwert einräumt. Wir müssen Wert auf Effektivität legen, nicht nur auf intellektuelle Spiele.

Wir müssen verstehen, wie wichtig die Wahrnehmung für das Denken ist: Sie ist ein sich selbst organisierendes und Muster bildendes System, aus dem unter anderem das laterale Denken unmittelbar und logisch folgt.

Wir müssen Gefühle und Werte aus dem richtigen Blickwinkel sehen. Letztlich sind sie der wichtigste Teil des Denkens – aber nur dann, wenn sie *am Ende* eines Denkprozesses zur Geltung kommen.

Wir müssen den praktischen Wert des formellen und bewussten Denkens verstehen, damit wir nicht in Gedanken schwafeln. Eines Tages ist es uns vielleicht lieber, wenn bestimmte Gewohnheiten, Einstellungen und Strategien zu unserer zweiten Natur werden; aber das erreichen wir nicht durch Wunschdenken. Die formellen, bewussten Phasen gehen voraus.

In einem Teil dieses Buches geht es also darum, zu verstehen, den richtigen Blickwinkel zu finden, Vorurteile zu überwinden und Einsichten ins Denken zu gewinnen. Vielleicht habe ich dabei manchmal übertrieben oder mich schroff ausgedrückt, aber ich weiß aus Erfahrung, dass das notwendig ist. Der größte Feind des Denkens ist die Auffassung, unser Denken sei ohnehin ziemlich gut und wir bräuchten uns keine Gedanken darüber zu machen. Ich glaube, wir sind technisch weit fortgeschritten und haben auf manchen Gebieten abschreckende Fortschritte gemacht. Wir könnten viel schneller vorwärts kommen, wenn wir weniger selbstgefällig wären, was unser Denken anbelangt, und wenn wir das Denken nicht denen überlassen würden, die veraltete Methoden anwenden.

Gelegentlich musste ich neue Wörter einführen, um einen Gedanken präziser ausdrücken zu können. Ich habe zum Beispiel vor vielen Jahren den Ausdruck „laterales Denken" geprägt, um mich auf ein Gebiet zu konzentrieren, das sich mit der Kreativität überschneidet und doch etwas ganz anderes ist. Das Wort „po" ist eine weitere notwendige Erfindung, die sich unmittelbar aus der Logik des Muster bildenden Systems ergibt. In diesem Buch habe ich einige weitere Begriffe eingeführt, etwa „Bewegungswert" (einer Idee), „Exlektik" (im Unterschied zur Dialektik), „logische Blase" (um den Komplex aus Wahrnehmungen und Strukturen, in denen ein anderer Mensch logisch handelt, direkt zu beschreiben) und „Handlungsdenken" (im Unterschied zum beschreibenden Denken). Ich glaube, diese Wörter sollten wir in unseren Wortschatz übernehmen, weil wir neue Ideen ohne neue Wörter nicht „festhalten" können – sie werden von den alten Ideen aufgesogen.

Ausdrücke wie „Intelligenzfalle" oder „Dorfvenus-Effekt" haben nur einen beschreibenden Wert, der die Kommunikation erleichtert. Vielleicht überleben einige bequeme Ausdrücke dieser Art, während andere verschwinden. Es genügt, dass sie eine Idee verdeutlicht haben.

Zum Schluss kommen wir zu den spezifischen Werkzeugen, den Methoden, welche „die Aufmerksamkeit lenken". Wer mehr über diese Techniken wissen will, sollte mein Buch *Teaching Thinking* lesen. Mir ist durchaus bewusst, dass eine Unmenge von Abkürzungen wie PMI, BAF, F&K, ZZ, HW und NW manchem Leser sehr unnatürlich und unnötig vorkommen. Genau diese Meinung vertraten auch die Lehrer, als ich diese Initialen in den CoRT-Denkkurs einführte, noch ehe er angewandt wurde. Nach einiger praktischer Erfahrung baten die Lehrer mich um weitere „Kurzbezeichnungen". Sie hatten festgestellt, dass man in der Praxis eine sonderbar klingende, einfache Anleitung braucht, wenn man sein eigenes Denken oder das Denken anderer anregen will. Ob es uns gefällt oder nicht, die Anweisung „Mach ein PMI" ist wirksamer als die Ermahnung, stets beide Seiten einer Medaille zu betrachten. Das ist keine Überraschung, weil das Muster bildende System ebenso arbeitet.

Wir können mit diesen Werkzeugen (PMI usw.) bewusst üben. Dann merken wir, dass wir Fortschritte machen, und nehmen das Werkzeug als „Ausführungsidee" in unser Ideenrepertoire auf. Mit anderen Worten: Wir lernen handeln, nicht nur beschreiben.

Wie meine Leserinnen und Leser sich denken können, war ich im Laufe der Jahre endlosen Attacken ausgesetzt, bei denen es um den Jargon und dessen Künstlichkeit ging. Die Angriffe gehen von Leuten aus, die keine praktische Unterrichtserfahrung haben und denen es leichter fällt, sich an diesem Punkt festzubeißen, als über die Grundideen zu diskutieren. Letzten Endes ist die praktische Anwendbarkeit entscheidend. Erfahrungen mit Tausenden von Erwachsenen und Jugendlichen stützen den Gebrauch dieser „Aufmerksamkeitsgriffe" beim Denkunterricht. Im Grunde mag ich Jargon selbst nicht, und darum meide ich den üblichen Psychologenjargon, zumal ich nicht für Psychologen schreibe.

Manche Leute glauben, wer sein Denken genau beobachte, gerate in die gleiche Situation wie der Tausendfüßler, der nicht mehr gehen konnte, als er darüber nachdachte, welches Bein er zuerst bewegen sollte. Das ist ein ernst zu nehmender Einwand, und es gibt in der Tat Empfehlungen, die diese Wirkung haben. Die in diesem

Buch beschriebenen Werkzeuge lenken die Aufmerksamkeit aber nur in die richtige Richtung. Sie sind kein ausgefeiltes und verwirrendes Schema, das uns sagen will, welcher Schritt welchem folgt. Sie denken so, wie Sie immer gedacht haben; aber gelegentlich wenden Sie Wegweiser wie PMI oder ALM in beliebiger Reihenfolge an, um klarer zu sehen. Wenn Sie alles außer einer Methode (z.B. PMI) vergessen, haben Sie immer noch von diesem Buch profitiert. Wenn Sie dagegen einen Teil eines ausgeklügelten Schemas vergessen, sind Sie nicht nur verwirrt, sondern verloren.

Müssen wir das Denken wirklich bewusst üben, wie ich es vorschlage? Die Antwort lautet: ja. Es gibt Einsichten und Informationen, die Ihr Denken verbessern, wenn Sie nur darüber lesen. So kann sich beispielsweise Ihre Einstellung zum negativen Denken ändern. Andere Aspekte setzen jedoch *bewusstes* Üben voraus. Jeder hat zum Beispiel die Fähigkeit, über andere Leute nachzudenken – aber es führt zu anderen Ergebnissen, wenn wir ALM bewusst üben und nutzen. Sie können über das Kochen oder Golfspielen oder Autofahren lesen, soviel Sie wollen; entscheidend ist letztlich die Praxis.

Diejenigen, die schon immer geglaubt haben, sie könnten wundervoll denken, werden ihre Meinung vermutlich nicht ändern und dieses Buch unnötig finden. Ich wünsche ihnen viel Glück. Ich kann mich noch gut an die Zeit nach der Veröffentlichung meiner ersten Bücher über laterales Denken erinnern. Einige der kreativsten Menschen der Welt schrieben mir, die Bücher seien für sie nützlich gewesen.

Zum Schluss möchte ich meine Erfahrungen so zusammenfassen: Wenn Sie erlebt haben, wie junge Menschen das Denken erlernen dürfen, haben Sie eine Vision gesehen.

Literatur und weiterführende Informationen

Bücher von Edward de Bono

Atlas of Management Thinking. M. Temple Smith, 1982; Penguin Books, 1983

Buchers illustrierte Geschichte der Erfindungen. Luzern/Frankfurt am Main: Bucher 1975

**Chancen.* Düsseldorf: Econ-Taschenbuchverlag 1994

**Der Denkprozess.* Reinbek: Rowohlt 1975

**Der Klügere gibt nicht nach.* Düsseldorf: Econ-Taschenbuchverlag 1993

Die positive Revolution. Düsseldorf: Econ-Taschenbuchverlag 1994

Die vier richtigen und die fünf falschen Denkmethoden. München: Heyne 1991

Future Positive. M. Temple Smith, 1979; New York: Transatlantic, 1980

**In fünfzehn Tagen Denken lernen.* München: Heyne 1990

Laterales Denken. Düsseldorf: Econ-Taschenbuchverlag 1992

**Laterales Denken für Führungskräfte.* Hamburg: McGraw-Hill 1986

**Parallel Thinking.* Viking, London 1994

Po: Beyond Yes and Now. Penguin Books, 1973: Ebenfalls veröffentlicht als *Po: A Device for Successful Thinking.* New York: Simon and Schuster, 1972 (n. m. l.)

Serious Creativity. Die Entwicklung neuer Ideen durch die Kraft lateralen Denkens. Stuttgart: Schäffer-Poeschel 1996

**Teaching Thinking.* M. Temple Smith, 1976 (n. m. l.); Penguin Books, 1979; New York: Transatlantic, 1977

The Happiness Purpose. M. Temple Smith, 1977; Penguin Books, 1979

**The Use of Lateral Thinking.* Cape, 1967 (nicht mehr lieferbar); Penguin Books, 1971. Veröffentlicht als *New Think: The Use of Lateral Thinking in the Generation of New Ideas.* New York: Basic Books, 1968

Water Logic. Viking, London 1993

Wie Kinder richtig denken lernen. Wien: Buchgemeinschaft Donauland Kremayr und Scheriau 1995

Word Power: An Illustrated Dictionary of Vital Words. Pierrot Publishing, 1977 (n. m. l.); Penguin Books, 1977 (n. m. l.); New York: Harper and Row, 1977

Denkkurse

CoRT Thinking Lessons for Schools, 60 Lektionen, aufgeteilt in sechs Sets zu je zehn Lektionen. Informationen über Veröffentlichungen in einzelnen Ländern erhalten Sie bei Perfect Learning, 10520 New York Avenue, Des Moines, Iowa 50822, USA, Telefon 001-515-287-0133, Telefax 001-515-278-2245.

Thinking in Action, Managementkurs mit Videos und Handbüchern. BBC Enterprises, Woodlands, 80 Wood Lane, London W 12 0TT. Auskünfte über eine Ausbil-

* Diese Bücher werden im Text erwähnt.

dung mit Diplom im lateralen Denken und in der Six-Hats-Methode gibt APTT (Anschrift wie beim CoRT-Kurs).

Weitere Informationen über Dr. Edward de Bono

Großbritannien: Mrs. Hills, 135 Holland Park Avenue, London W11 4UT, Telefax 0044-71-602-1779

Kanada: Diana McQuaig, 132 Rochester Avenue, Toronto, Ontario M4N 1P1, Telefon 001-416-488-0008, Telefax 001-416-488-4544

Die Gründung eines Denk-Clubs

Es gibt Tennisplätze für Tennisspieler, Golfplätze für Golfspieler und Abfahrten für Skiläufer. Wenn das Denken wirklich eine Fähigkeit ist, wo sollen wir es dann üben? Es gibt Rätsel, Kreuzworträtsel, Detektivgeschichten und Brettspiele, aber sie beschäftigen nur einen winzigen Teil des Denkens. Vielen Menschen, die gute Denker sind und gerne denken, machen Rätsel und Spiele wenig Spaß – sie ziehen es vor, umfassend und effektiv zu denken. Das hat mehr mit Klugheit als mit Schläue zu tun. Wenn wir eine wichtige Entscheidung zu treffen haben – etwa wenn wir ein Haus kaufen oder den Beruf wechseln wollen –, müssen wir denken. Es wäre nicht sinnvoll, das Schwimmen erst dann zu üben, wenn wir am Ertrinken sind. Wer nur denkt, wenn er dazu gezwungen wird, bleibt ungeübt und hat keine Freude am Denken. Für ihn ist das Denken wie eine Arznei, die man nur nimmt, wenn man sich unwohl fühlt.

Ein Denk-Club ist ein Ort der Praxis und der Freude über das Denken als Fähigkeit. Es gibt keine richtigen

Antworten, die man finden muss, und keine Tests, die man bestehen muss. Ein Denk-Club ist für alle gedacht, die Spaß am Denken haben und ihre Denkfähigkeit verbessern wollen. Denken unterscheidet sich nicht von anderen Fähigkeiten oder Hobbys: Wenn Sie Freude daran haben wollen, müssen Sie sich ein wenig Mühe geben. Ein Spaziergang macht Sie nicht zu einem besseren Tennisspieler oder Skifahrer. Sie müssen bewusst am richtigen Ort trainieren.

Voraussetzungen

Es gibt nur eine einzige Voraussetzung, wenn Sie einen Denk-Club gründen oder einem Denk-Club beitreten wollen: Motivation. Es genügt, wenn Sie am Denken interessiert sind und Ihre Denkfähigkeit verbessern wollen.

Vielen Organisationen können Sie nur beitreten, wenn Sie ein bestimmtes Diplom oder einen bestimmten IQ haben. Für Denk-Clubs gilt das nicht. Jeder darf beitreten, wenn er oder sie ausreichend motiviert ist. Allerdings ist echte Motivation selten.

Viele Leute behaupten, sie seien am Denken im Allgemeinen interessiert; aber sie sind nicht bereit, viel dafür zu tun. Es gibt zwei praktische Methoden, um die Motivation zu prüfen. Der erste Test ist der „Geldwert" des Interesses. Würden Sie einmal in der Woche den Preis einer Zigarette für diese Aktivität zahlen? Oder den Preis einer Packung Zigaretten? Oder gar den Preis eines Essens oder einer Abendunterhaltung? Auf diese Weise können Sie Ihre Motivation selbst prüfen.

Der zweite Test bestimmt den „Prioritätswert" des Interesses. Ist es Ihnen wichtiger als andere Dinge? Wollen Sie regelmäßig in den Denk-Club gehen oder nur dann, wenn Sie nichts Besseres zu tun haben? Jetzt merken Sie, dass Motivation zwar jedem zur Verfügung steht, aber eine ziemlich hohe Hürde ist.

Der Denk-Club gibt seinen Mitgliedern Gelegenheit, das Denken zu üben und daran Freude zu haben. Seine Formalität ist der Hauptvorteil. Alle wissen, warum sie hier sind, andernfalls wären sie nicht gekommen.

Denken – aber wie?

Wie denkt man im Denk-Club? So, wie ich es in diesem Buch beschrieben habe. Diese Art des Denkens hat folgende Merkmale:

Klugheit ist wichtiger als Schläue. Es geht eher um den gesunden Menschenverstand als um intellektuelle Spielchen.

Effektivität ist ein wichtiger Aspekt, und das spiegelt sich im „Handlungsdenken“ wider. Das ist das Gegenteil des ineffektiven Denkens.

Es geht eindeutig nicht um jene Art des Denkens, mit der Sie beweisen wollen, dass Sie Recht haben und andere Unrecht. Der Denk-Club ist kein Platz für Streitereien und Vorurteile. Hier verteidigt man nicht seinen eigenen Standpunkt. Es ist ein Ort der Erkundung eines Themas und der ehrlichen Evaluation. Der Denk-Club ist für Menschen gedacht, die denkend erforschen wollen, nicht für jene, die beweisen wollen, wie Recht sie haben und wie brillant sie sind. Darauf muss man von Zeit zu Zeit hinweisen.

Der Schwerpunkt liegt auf der Wahrnehmung, nicht auf kompliziertem Verarbeiten wie in der Mathematik.

Diese Art des Denkens ist neutral und objektiv. Ein Denk-Club hat nicht den Zweck, einen politischen oder religiösen Standpunkt zu fördern.

Diese Art des Denkens ist zudem positiv und konstruktiv. Das Negative hat seinen Platz im Denken, aber nur einen kleinen Winkel. Im Denk-Club schätzt man es gar nicht, wenn jemand nachweisen will, dass die anderen dumm sind.

Auch der Humor spielt eine wichtige Rolle. Denken muss nicht feierlich und humorlos sein. Selbst wenn wir über ein ernstes Thema diskutieren, müssen wir nicht schwermütig sein.

Klarheit und Einfachheit sind ebenfalls wichtig. Gedanken werden so klar wie möglich ausgedrückt. Wir lehnen es ab, der Kompliziertheit wegen kompliziert zu klingen.

Die größte Sünde ist Arroganz.

Und vor allem ist der Denk-Club ein Ort des Übens und der Freude an der Denkfähigkeit. Das bedeutet, dass wir diese Fähigkeit objektiv sehen und sie vom Ego lösen.

Es gibt zwei Arten zu denken. Erstens können wir über ein Thema nachdenken. Zweitens können wir darüber nachdenken, wie wir über das Thema nachdenken (Werte, Vorurteile, Blockaden, Ideenmangel usw.). Die Fähigkeit, über sein eigenes Denken nachzudenken, entspricht der Fähigkeit des Golfspielers, über seine Leistung nachzudenken mit dem Ziel, besser zu werden.

Aktivitäten

Ein Denk-Club stellt den Mitgliedern Platz, Zeit und einen Rahmen zur Verfügung, damit sie ihre Denkfähigkeit trainieren, entwickeln, anwenden und genießen können. Dabei unterscheiden wir drei Stadien:

1. Das Erlernen fundamentaler Denkfähigkeiten
2. Das Einüben dieser Fähigkeiten
3. Das Anwenden dieser Fähigkeiten

Anfangs konzentrieren sich die meisten Aktivitäten des Clubs darauf, dass die Mitglieder fundamentale Fähigkeiten erwerben und bewusst und mühelos anwenden können. Es wäre ein Irrtum anzunehmen, wir würden durch bloßes Diskutieren über ein Thema denken lernen. Wir müssen uns unmittelbar auf die Denkfähigkeit konzentrieren. Später, wenn wir diese Fähigkeit entwickelt haben, können wir sie praktisch anwenden, um bestimmte Probleme und Aufgaben zu lösen. Es kann sich um aktuelle politische Probleme, persönliche Probleme, die Planung eines Geschäfts und vieles andere handeln. Ein Buch, ein Artikel oder ein Fernsehprogramm können ebenfalls das Thema eines konzentrierten Denkens sein. Ein Clubmitglied kann auch ein persönliches oder berufliches Problem mitbringen. Außerdem können wir eine bestimmte Aufgabe planen und durchführen (dabei ist „Effektivität" ein sehr wichtiger Aspekt des Denkens). Das alles sind spätere Stadien, die wir nicht zu früh anpacken sollten.

Formalität und Disziplin

Vielleicht ist es ein Schock für meine Leser, dass ich größten Wert auf Formalität und Disziplin in den Denk-Clubs lege. Da ich für freies Denken und Forschen eintrete und eingefahrene Gleise meide, läge die Vermutung nahe, dass ich Formalität und starre Strukturen ablehne. Aber das Gegenteil ist richtig. Gerade weil es im Club keine richtigen Antworten und keine fixen Ideen gibt, muss es eine sehr strenge Disziplin und eine Struktur geben. Sonst wären Abschweifungen, Geschwafel und Chaos die Folge. Balletttänzerinnen und Sportler wissen, dass nur strikte Disziplin zum Erfolg führt. Wenn das Denken eine Fähigkeit ist, die wir bewusst und konzentriert nutzen müssen, dann müssen wir auch imstande sein, es willentlich zu lenken. Die starre äußere Struktur macht inhaltlich frei.

Zeitliche Disziplin ist wichtig. Wenn ein Treffen eine Stunde dauern soll, dann sollte es genau eine Stunde dauern. Wenn für das Nachdenken über ein Problem drei Minuten festgesetzt werden, dann sollte nach drei Minuten eine Glocke ertönen und die Denkübung beendet werden. Wie bereits erwähnt, wirkt diese zeitliche Disziplin befreiend. Wir können uns exakt auf ein Thema konzentrieren, und wir denken während einer begrenzten Zeitspanne – nicht so lange, bis das Problem gelöst ist.

Disziplin und Rituale sind ein guter Ersatz für Begeisterung, wie jedes Kloster weiß. Begeisterung kommt und geht, weil sie von der jeweiligen Stimmung abhängt. Mit Disziplin bleiben wir am Ball, wenn die anfängliche Begeisterung schwindet, jedenfalls so lange, bis eine neue Art Begeisterung das Kommando übernimmt. Formelle Disziplin bedeutet außerdem, dass wir unser Denken auf das Thema richten können, nicht auf die Struktur selbst.

Ich hoffe, ich habe mich deutlich ausgedrückt. Aus langer Erfahrung weiß ich, dass Disziplin extrem wichtig ist, wenn wir die Denkfähigkeit entwickeln wollen. Ein Denk-Club ohne Disziplin wird meiner Meinung nach scheitern. Auch der Zeitpunkt für die Sitzungen muss rechtzeitig im Voraus festgelegt werden, zum Beispiel am ersten und dritten Montag im Monat. Der Club kann es unmöglich jedem recht machen, aber er kann von jedem Engagement erwarten.

Die Organisation

Es gibt zahlreiche organisatorische Aspekte: Menschen, Tagungsort, Zeitpunkt, Tagesordnung, Kommunikation und so weiter.

Menschen

Ein Denk-Club besteht aus genau sechs Mitgliedern. Auch einige wenige assoziierte Mitglieder können an den Sitzungen teilnehmen. Wenn ein Vollmitglied nicht regelmäßig erscheint, nimmt ein assoziiertes Mitglied seinen Platz ein (ein Mitglied sollte mindestens an drei Vierteln der Sitzungen teilnehmen). Wenn es genügend Assoziierte gibt, können sie einen eigenen Denk-Club gründen. Während einer Übergangszeit (vor allem am Anfang) kann der Club weniger als sechs Mitglieder haben. Ich schlage deshalb sechs Mitglieder vor, weil diese Zahl für das Training der Denkfähigkeit am besten geeignet ist. Die sechs Teilnehmer können als Gruppe arbeiten oder sich in zwei Dreiergruppen aufteilen.

Der Organisator und Gastgeber: Der Organisator ist für den allgemeinen Ablauf verantwortlich und ist zugleich Gastgeber. Er sorgt dafür, dass die Sitzung stattfindet, und achtet darauf, was sich während der Sitzung abspielt. Er sollte eine effektive und kompetente Person sein und gut mit Menschen auskommen. Wer zwar charmant ist, aber inkompetent, ist dieser Rolle nicht gewachsen. Der Organisator kann folgende Aufgaben delegieren: die Überwachung des zeitlichen Ablaufs, die Protokollführung und die Kommunikation. Es ist am Besten, wenn der Organisator nicht gewechselt wird. Wenn ein anderes Mitglied kompetent ist und unbedingt diese Rolle übernehmen will, ist ein Wechsel alle sechs Monate denkbar.

Das Amt eignet sich jedoch nicht für Mitglieder, die weder bereit noch fähig sind, es auszuüben. Der Organisator sollte aber einen Stellvertreter haben, der einspringt, wenn er krank ist oder aus wichtigem Grund an einer Sitzung nicht teilnehmen kann.

Der Beauftragte für den zeitlichen Ablauf: Das ist ein wichtiges Amt, und der Inhaber muss präzise und rigoros sein. Die Sitzungen müssen pünktlich beginnen und enden, selbst wenn die Teilnehmer mitten in einer interessanten Diskussion aufhören müssen. Auch einzelne Übungen und Aufgaben werden pünktlich beendet. Viele Digitaluhren haben eine eingebaute Stoppuhr. Unpünktlichkeit führt bald zu allgemeiner Nachlässigkeit und Konzentrationsmangel.

Der Protokollführer: Er hat die Aufgabe, jede Sitzung schriftlich zusammenzufassen. Man braucht großes Geschick, um kurz und bündig zu schreiben, ohne etwas Wichtiges wegzulassen. Das Protokoll sollte 300 bis 500 Wörter umfassen.

Der Kommunikator: Er erinnert die Mitglieder an die nächste Sitzung. Diese teilen ihm rechtzeitig mit, wenn sie verhindert sind.

Der Treffpunkt

Der beste Treffpunkt ist eine Wohnung. Ein Restaurant gewährleistet nicht die notwendige Formalität. Am Besten trifft man sich immer am selben Ort und zur gleichen Zeit. Es ist keine gute Idee, den Treffpunkt zu wechseln. Allerdings sollte ein Ersatz für den Fall bestimmt werden, dass der Haupttreffpunkt einmal nicht zur Verfügung steht.

Häufigkeit der Sitzungen

Ich empfehle eine Sitzung alle vierzehn Tage. Einmal wöchentlich wäre zu oft, einmal monatlich nicht oft genug. Datum und Zeit müssen im Voraus festgelegt werden und sollten vorhersehbar sein (z. B. am ersten und dritten Montag im Monat). Es ist unmöglich, Termine zu finden, die jedem genehm sind. Während der Urlaubszeit sind besondere Vereinbarungen angebracht.

Die Dauer

Die ersten vier Treffen sollten nicht länger als eine Stunde dauern, die nächsten vier anderthalb Stunden. Danach können die Sitzungen zwei Stunden dauern. Am Ende der festgesetzten Zeit wird die Sitzung auch dann beendet, wenn die Mitglieder um der Geselligkeit willen noch eine Weile bleiben. Es ist oft verführerisch, das Denken und die Diskussionen fortzusetzen, wenn sie interessant sind. Das ist jedoch ein Fehler, weil dabei der Schwerpunkt vom Training der Denkfähigkeit zum „Problemlösen" verschoben wird, was die Natur der Sitzungen verändert.

Das Protokollbuch

Jeder Denk-Club sollte ein Protokollbuch haben, das die Berichte über die Sitzungen enthält. Vermerkt werden die Zeit, der Ort, die Teilnehmer und die „Tagesordnung". Außerdem fasst es das Denktraining zusammen.

Die Tagesordnung

Alle Mitglieder des Denk-Clubs sollten dieses Buch gelesen haben, damit ihre Einstellung zum Denken einigermaßen einheitlich ist. Die in diesem Buch beschriebenen Methoden müssen dann nicht ständig in allen Einzelheiten erläutert werden.

Zwei Punkte sind wichtig, was die Tagesordnung anbelangt. Anfangs sollten die Mitglieder sich ausschließlich darauf konzentrieren, die fundamentalen Denkfähigkeiten zu üben und zu entwickeln. Anfänger sollten sich nicht zu viel vornehmen, auch wenn die Versuchung groß ist. Andernfalls kommt es zu Streitgesprächen, die wenig zielorientiert sind und dem Zweck des Clubs widersprechen. Zweitens sollte man auf eine harmonische Mischung aus ernsten und spaßigen Themen achten. Viele Leute halten das Denken für eine ernste Angelegenheit. Das ist ein Irrtum. Ein Training ist viel erfolgreicher, wenn die Themen ungewöhnlich oder lustig sind; denn wenn es um ernste Themen geht, breiten die Leute nur ihre Vorurteile und Klischees aus, anstatt zu denken. Selbstvertrauen müssen wir zuerst mit anderen Themen aufbauen. Ernste und lustige Themen sollten sich zumindest die Waage halten. Noch besser ist ein Verhältnis von drei zu eins zugunsten des Spaßes (wenigstens in der ersten Zeit).

Beispiel einer Clubsitzung I

Eine Clubsitzung könnte in etwa so aussehen:

1. **Thema:** Der Organisator teilt mit, dass es in dieser Sitzung um PMI geht. Er erklärt kurz, wie man dabei vorgeht: Auf die „Pluspunkte“ folgen die „Minuspunkte“, dann die „interessanten Punkte“.
   Zeit: zwei bis drei Minuten

2. **Erste Übung:** Die sechs Mitglieder arbeiten als Gruppe zusammen: jeweils zwei Minuten für die Pluspunkte,

Minuspunkte und interessanten Punkte. Das zuständige Mitglied achtet genau auf die Zeit.
Thema: „Jeder sollte ein Abzeichen tragen, das seine Stimmung widerspiegelt."
Zeit: sechs Minuten
(Anmerkung: Wenn die Gruppe als Ganzes arbeitet, ist kein Feedback erforderlich.)

3. **Zweite Übung:** Zwei Dreiergruppen setzen sich etwas auseinander, so dass sie getrennt diskutieren können. Beide Gruppen arbeiten das PMI durch, jeden Teil zwei Minuten lang. Das zuständige Mitglied achtet genau auf die Zeit und verkündet, wann der nächste Teil an der Reihe ist. Am Ende der 6 Minuten berichtet jede Gruppe der anderen über das Ergebnis (Feedback). In jeder Gruppe macht ein Mitglied sich einfache Notizen.
Thema: „Es wäre nützlich, wenn wir auch am Hinterkopf Augen hätten."
Arbeitszeit sechs Minuten, Feedback vier Minuten, insgesamt zehn Minuten

4. **Dritte Übung:** Jedes Mitglied übernimmt einen Teil (P, M oder I). Alle arbeiten individuell zwei Minuten.
Thema: „Man sollte Wachhunde so abrichten, dass sie nicht bellen, sondern stumm auf einen Alarmknopf drücken."
Am Ende der zwei Minuten kommt die Gruppe wieder zusammen, und jedes Mitglied berichtet einzeln.
Arbeitszeit zwei Minuten, Feedback vier Minuten

5. **Vierte Übung:** Zwei Dreiergruppen arbeiten das ganze PMI durch. Das zuständige Mitglied verkündet jeweils, wann die zwei Minuten für jeden Teil um sind.

Am Ende der sechs Minuten versammeln sich alle und vergleichen ihre Ideen.
Thema: „Jeder junge Mensch sollte nach dem Schulabschluss ein Jahr Sozialdienst ableisten (in der Gemeinde, in einem Krankenhaus usw.)."
Arbeitszeit sechs Minuten, Feedback fünf Minuten, insgesamt elf Minuten

6. **Diskussion:** Hier werden z.B. folgende Punkte behandelt:
   - Der Nutzen des PMI
   - Wann ist ein PMI am sinnvollsten?
   - Die Gefahren des PMI
   - Findet ihr die Formalität des PMI (anfangs) seltsam?
   - Findet ihr die strikte Zeiteinteilung und die kurze Zeit angebracht?
   - Ist der Teil „interessante Punkte" schwierig?

   Weitere Diskussionspunkte können Sie diesem Buch entnehmen.
   Gesamtzeit: zehn Minuten

7. **Fünfte Übung:** Die ganze Gruppe widmet jedem Teil des PMI jeweils zwei Minuten. Die Zeit wird überwacht.
   Thema: „Jeder Wähler sollte mit einer zusätzlichen Stimme einen Kandidaten abwählen können."
   Zeit: sechs Minuten

8. **Übungsthemen:** Jedes Mitglied notiert drei Minuten lang Themen (ernste und lustige), die in künftigen Sitzungen zur Übung bearbeitet werden können. Der Protokollführer sammelt die Vorschläge.
   Arbeitszeit drei Minuten, Feedback vier Minuten, insgesamt sieben Minuten

9. **Ende der Sitzung:** Der Organisator erinnert daran, das es in der nächsten Sitzung um AMA geht. Zur Vorbereitung lesen die Mitglieder Kapitel 3 dieses Buches.
   Zeit: eine Minute

Dauer der Sitzung: eine Stunde
Die Gesamtdauer der Sitzung sollte eingehalten werden. Wenn nötig, können Sie die Arbeitszeit für jeden Teil verringern (bis auf eine Minute). Bei Bedarf lassen Sie Punkt 9 weg oder kürzen die Zeit. Die zeitliche Disziplin ist wichtig, damit in den Sitzungen nicht geschwafelt wird.

Nach dem Ende der Sitzung können die Mitglieder um der Geselligkeit willen noch eine Weile bleiben, jedoch ohne Denkübungen zu machen oder darüber zu diskutieren. Später dauern die Sitzungen zwei Stunden; aber das wäre am Anfang zu viel.

Beispiel einer Clubsitzung II

1. **Thema:** Der Organisator erklärt, dass es diesmal um AMA geht (Alternativen, Möglichkeiten und Auswahl). Am wichtigsten ist das Erarbeiten von Alternativen: alternative Wege, eine Situation zu betrachten oder etwas zu tun.
   Zeit für die Erläuterung: zwei bis drei Minuten

2. **Erste Übung:** Jedes Mitglied arbeitet allein und sucht nach alternativen Erklärungen für die Situation, die im „Thema" skizziert wird. Dafür sind zwei Minuten erlaubt. Dann versammeln sich alle und vergleichen ihre Ideen.
   Thema: „Am frühen Morgen wird eine Frau dabei

beobachtet, wie sie drei rote Socken im Garten vergräbt, jede in einem eigenen Loch."
Arbeitszeit zwei Minuten, Feedback vier Minuten, insgesamt sechs Minuten

3. **Zweite Übung:** Die Gruppe teilt sich in drei Paare. Jedes Paar arbeitet drei Minuten am Thema. Dann kommen alle zusammen und vergleichen ihre Ideen. Thema: „Wie kann man feststellen, wie viel Flüssigkeit ein Mensch innerhalb von 24 Stunden zu sich nimmt? Finden Sie möglichst viele Methoden."
Arbeitszeit drei Minuten, Feedback vier Minuten, insgesamt sieben Minuten

4. **Dritte Übung:** Die Gruppe sitzt zusammen. Der Organisator fragt jedes Mitglied einzeln nach einer Alternative. Wer keine mehr weiß, scheidet aus. Wenn mehr als drei Mitglieder ausgeschieden sind, kann sich jeder mit einer neuen Alternative melden.
Thema: „Wie kann man im Haus oder anderswo Energie sparen, für die man zahlen muss?"
Zeit: bis zu acht Minuten

5. **Vierte Übung:** Zwei Dreiergruppen denken sich alternative Vorgehensweisen aus. Dann vergleichen die Gruppen ihre Ideen.
Thema: „Ein Vater muss feststellen, dass der achtzehnjährige Sohn das Auto des Vaters verkauft hat, um Schulden zu zahlen. Der Sohn gesteht ihm, wer den Wagen gekauft hat. Was kann der Vater unternehmen?"
Arbeitszeit drei Minuten, Feedback vier Minuten, insgesamt sieben Minuten

6. **Diskussion:** Hier werden wichtige Punkte aus Kapitel 3 dieses Buches besprochen, außerdem Punkte wie die Folgenden:
   - Wann suchen wir nach Alternativen, wann nicht?
   - Welche Gefahr besteht, wenn wir immer nach Alternativen suchen?
   - Warum ist es manchmal schwierig, Alternativen zu finden?
   - Soll man alle Alternativen notieren, auch die unwahrscheinlichen?
   - In welche Gruppen kann man die gefundenen Alternativen einteilen?
   - Liegen alle Alternativen in der gleichen Richtung?

   Gesamtzeit: zehn Minuten. Das Ende ist strikt einzuhalten.

7. **Fünfte Übung:** Die ganze Gruppe arbeitet zusammen, aber zwei Minuten lang denkt jeder selbst nach. Dann fragt der Organisator jedes Mitglied nach einer Alternative für jeden Punkt der Themenliste. Die Alternative muss jeweils die gleiche Aufgabe erfüllen.
   Thema: „Alternativen, welche die gleiche Aufgabe erfüllen wie Leiter, Tasse, Hund, Schlüssel, Fenster."
   Zeit zum Nachdenken (individuell) zwei Minuten, Feedback vier Minuten, insgesamt sechs Minuten

8. **Sechste Übung:** Die Gruppe sucht gemeinsam nach Alternativen. Diese werden dann in breite Kategorien eingeordnet.
   Thema: „Alternative Lösungen für das Problem der Straßenkriminalität. Es können auch sinnvolle Maßnahmen oder alternative Standpunkte sein."
   Zeit: sieben Minuten

9. **Übungsthemen:** Jedes Mitglied denkt zwei Minuten über ein Thema nach, das in einer weiteren Sitzung über AMA benutzt werden könnte. Es kann ein ernstes oder lustiges Thema sein. Die Gruppe diskutiert darüber, und der Protokollführer sammelt die Themen.
   Denkzeit zwei Minuten, Feedback zwei Minuten

10. **Ende der Sitzung:** Auf Datum und Thema der nächsten Sitzung hinweisen.

Wie immer ist die zeitliche Disziplin wichtig, selbst wenn die jeweils erlaubte Zeit gekürzt werden muss. Vor allem die Zeit für das Feedback darf nicht verlängert werden. Lassen Sie Punkt 9 weg, wenn die Zeit zu knapp ist.

Was ist zu vermeiden?

Die Erfahrung zeigt, dass folgende Fehler eine Clubsitzung verderben können, selbst wenn wir anfangs daran Gefallen finden.

Schlechte zeitliche Disziplin und Ausufern einer „interessanten" Diskussion.

Ungenügende Konzentration auf die spezifische Denkfähigkeit, die gerade trainiert wird. Die Folge ist Geschwafel.

Egozentrische Debatten und der Versuch, seinen Standpunkt zu verteidigen und andere zu widerlegen.

Zu viele feierliche oder „schwere" Themen; sich festfahren in Klischees und aufgezählten Fakten.

Die Unfähigkeit einzusehen, dass Übungen mit einfachen, lustigen Themen die Denkfähigkeit verbessern.

Zu viel Ehrgeiz und zu große Eile: Die Mitglieder wollen ihre sich entwickelnden Denkfähigkeiten an „echten Problemen“ oder persönlichen Problemen testen. Darauf sollte der Club jedoch eine geraume Zeit verzichten. Solche Themen sind erst später angebracht.

Allgemeine Nachlässigkeit und die Meinung, eine feste Struktur sei nicht notwendig.

Verbissenheit bei den Themen – sie dienen nur der Übung! Wichtig sind nicht die Themen, sondern das Denken.

Ein schwacher Organisator oder der Versuch, seine Aufgaben immer wieder anderen Mitgliedern zu übertragen.

Mangel an Humor.

Politische oder ideologische Vorurteile.

Das alles lässt sich vermeiden, wenn Sie strikt auf allgemeine und zeitliche Disziplin achten und sich auf die Aufgaben konzentrieren. Geschwafel, Egoismus und Arroganz sind die größten Feinde. Die Motivation ist wichtig. Wenn ein Mitglied nicht ausreichend motiviert ist, sollte es ausgeschlossen werden.

Die Mitglieder

Woher kommen die Mitglieder? Wer dieses Buch gelesen hat, kann seine Freunde zum Essen oder zu einem Drink einladen, um sich mit ihnen über einen Denk-Club zu unterhalten. Bitten Sie andere Leute zuerst, dieses Buch oder wenigstens dieses Kapitel über Denk-Clubs zu lesen. Heften Sie eine Notiz ans schwarze Brett einer Bibliothek oder Ihres Arbeitsplatzes. Informieren Sie Ihre Lokalzeitung.

Diskutieren Sie über eines meiner Bücher und erwähnen Sie, dass Sie die Gründung eines Denk-Clubs planen. Sprechen Sie das Thema „Denken“ in der Schule an, aber reden Sie darüber auch mit Leuten, die nicht mehr zur

Schule gehen. Eine Familie kann ein Denk-Club sein, auch zusammen mit einer Nachbarfamilie. Gründen Sie eine Gruppe für Kinder in der Nachbarschaft.

Ein Denk-Club ist eine formelle Gelegenheit, sich regelmäßig zu treffen, ohne Geld für „Vergnügungen" ausgeben zu müssen. Um die Sache in Gang zu bringen, können Sie aber ein paar „wahrscheinlich interessierte" Freunde zu einer Party einladen und eine Stunde für eine Sitzung opfern, wie ich sie oben beschrieben habe. Wenn die Atmosphäre klar und konzentriert ist, nicht bedrohlich oder langweilig, dann machen die Sitzungen den meisten Leuten Spaß. Die Leute treffen sich gern mit anderen, um miteinander zu reden, auch in einem formellen Rahmen.

Viele Leute haben auf eigene Faust einen Denk-Club gegründet. Neulich traf ich in San Francisco einen Mann, der einen Club mit 80 Mitgliedern aufgebaut hat. Wenn Sie sechs erfolgreiche Sitzungen hinter sich haben, setzen Sie sich bitte mit mir in Verbindung (über die Kontaktadressen auf Seite 203). Ich nehme Ihren Club dann in ein Verzeichnis auf.

Stichwortverzeichnis